大学英语翻译与英语教学研究

矫文静　张晓焕　李　虔◎著

线装书局

图书在版编目（CIP）数据

大学英语翻译与英语教学研究 / 矫文静，张晓焕，李虔著. -- 北京：线装书局，2024.4
ISBN 978-7-5120-6075-3

I. ①大… II. ①矫… ②张… ③李… III. ①英语—翻译—教学研究—高等学校 IV. ①H315.9

中国国家版本馆 CIP 数据核字(2024)第 079944 号

大学英语翻译与英语教学研究
DAXUE YINGYU FANYI YU YINGYU JIAOXUE YANJIU

作　　者：	矫文静　张晓焕　李　虔
责任编辑：	白　晨
出版发行：	线装书局
地　　址：	北京市丰台区方庄日月天地大厦 B 座 17 层（100078）
电　　话：	010-58077126（发行部）010-58076938（总编室）
网　　址：	www.zgxzsj.com
经　　销：	新华书店
印　　制：	三河市腾飞印务有限公司
开　　本：	787mm×1092mm　　　1/16
印　　张：	9.75
字　　数：	215 千字
印　　次：	2025 年 1 月第 1 版第 1 次印刷
定　　价：	78.00 元

线装书局官方微信

前　言

　　随着我国改革开放成果的逐步深化和加入世贸后对外交流层次、领域的不断延伸拓展，英语在人们日常工作、学习和生活中的作用日趋突出。受国际大环境的不断冲击和影响，社会各层面、各行业对大学毕业生英语综合应用能力的要求越来越高。但是，从当前英语教学现状来看，重视听、说、读，忽视写、译的现象比较普遍。翻译教学一直是英语教学中的一个薄弱环节。现在所有英语教材，几乎都没有全面系统地介绍翻译知识、翻译技巧，有的只不过是少量单句或段落的翻译练习。因为考试不怎么考，教材不系统编，这自然而然地导致了教师在课堂教学中"不讲"，或者直接忽视培养训练学生翻译能力的现象，同时，学生本身也不重视翻译教学。

　　人们普遍认为，只要懂点英语，加上一本词典就能做翻译了。在英语界始终存在一种观点，认为只要阅读量足够大，阅读能力和词汇知识都会随之提高和扩大，翻译就不成问题了。但事实并非如此。许多学者指出的课堂上教师使用的语法——翻译的单一教学方式和英语课本上的翻译练习根本不能称其为真正意义上的翻译教学。可见翻译不仅应被视为一项综合技能，而且应被视为英语教学的目的之一。对英语教学中翻译教学的重视，反映出翻译不但可以作为直接检测学生对知识理解程度和掌握程度的一种有效手段，而且可以成为跨语言活动的必备技能。

编委会

王增文　唐雅明　黄　瑛
陆金龙　乔　涵

目录 / CONTENTS

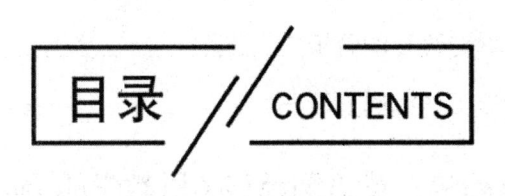

第一章　英语翻译在大学英语教学中的重要性　1
　　第一节　为提高学生英语水平提供有效的练习..................1
　　第二节　促进教师教学水平的提升..................14

第二章　英语翻译对学生英语学习的促进作用　27
　　第一节　提高语言水平..................27
　　第二节　拓展知识面..................34
　　第三节　培养综合能力..................45

第三章　英语翻译在大学英语教学中的问题与挑战　52
　　第一节　翻译的准确性和流畅性..................52

第四章　如何有效整合英语翻译教学与英语教学　59
　　第一节　研究现状分析..................59

第五章　英语教学中的翻译教学策略与方法　71
　　第一节　翻译教学的重要性..................71
　　第二节　传统翻译教学方法..................75
　　第三节　现代翻译教学方法..................81
　　第四节　翻译与英语教学的结合..................89
　　第五节　大学英语翻译教学的未来发展..................95

第六章　大学英语教学中的翻译教学实践案例分析　101

第一节　翻译教学实践案例分析一 101
第二节　翻译教学实践案例分析二 107
第三节　翻译教学实践案例分析三 113

第七章　未来发展趋势：英语翻译与英语教学的 创新与应用　124

第一节　英语翻译的发展趋势 124
第二节　英语教学的发展趋势 136

参 考 文 献　144

第一章　英语翻译在大学英语教学中的重要性

第一节　为提高学生英语水平提供有效的练习

一、提高学生听力和口语能力

翻译在大学英语教学中扮演着重要的角色，不仅可以帮助学生提高英语水平，同时也可以提升他们的听力和口语能力。在大学英语课堂上，老师通常会布置各种翻译练习，让学生将英语原文翻译成自己的母语。这种练习不仅可以让学生更好地理解和掌握英语语言知识，还能够帮助他们更好地理解口语表达。

通过翻译练习，学生可以锻炼自己的语言运用能力和逻辑思维能力。在进行翻译的过程中，学生需要理解原文的意思，并将其准确地表达出来。这种训练可以帮助学生提高自己的语言表达能力，培养批判性思维，提高专业翻译能力。同时，翻译练习也可以帮助学生学会如何用地道的口语表达来传达信息，提高他们的口语交流能力。

在翻译练习中，学生不仅需要理解原文的意思，还需要灵活运用语言知识，选择最合适的表达方式。通过翻译练习，学生可以逐渐提高自己的语言应用能力，培养自己的语感和语言表达能力，从而更好地理解口语表达。翻译练习还可以帮助学生增加词汇量，熟悉各种语言结构，提高独立思考和判断能力。

总的来说，翻译练习在大学英语教学中具有重要的作用。通过翻译练习，学生不仅可以提高自己的英语水平，还可以提升听力和口语能力。翻译练习可以让学生更好地掌握英语语言知识，培养他们的语言应用能力和逻辑思维能力，帮助他们更好地理解口语表达。因此，在大学英语教学中，教师应该更多地布置翻译练习，帮助学生全面提高自己的语言能力，为他们未来的学习和工作打下坚实的基础。

通过翻译练习，学生可以逐渐提高自己的语言应用能力，培养自己的语感和语言表达能力。在练习的过程中，他们不仅可以增加词汇量，熟悉各种语言结构，还可以提高独立思考和判断能力。通过不断地练习和反复比较，学生可以更深入地理解各种语言表达方式，逐渐形成自己独特的语言风格。

翻译练习也有助于培养学生的跨文化交际能力。在进行翻译的过程中，学生需要不断地比较两种语言的语法和词汇，理解不同文化背景下的表达方式。通过这种比较和学习，学生可以更好地理解不同文化之间的差异，提高自己的跨文化交际能力，增进不同文化间的理解和沟通。

翻译练习还可以让学生更好地运用所学知识，提高实际应用能力。通过将所学知识运用到实际的翻译中，学生可以更深入地理解所学内容，巩固知识点，提高学习效果。同时，翻译练习也可以帮助学生锻炼自己的应变能力和解决问题的能力，培养他们的综合素质。

因此，翻译练习在大学英语教学中扮演着重要的角色。通过不断地练习和实践，学生可以全面提高自己的语言能力，为将来的学习和工作奠定更加坚实的基础。希望教师们能够更多地布置这样的练习，引导学生在实践中不断提升自己的能力，获得更好的学习体验和成长。

英语翻译在大学英语教学中的重要性不言而喻。随着全球化的发展，英语已经成为国际交流和商务沟通中最重要的语言之一。因此，掌握流利的英语口语表达能力是每个大学生必备的技能之一。而翻译练习可以成为提高学生口语表达流利度的重要途径之一。

翻译练习能够帮助学生更好地理解英语使用的文化背景和语境，从而使他们更好地运用所学知识进行口语表达。通过翻译练习，学生不仅可以提高听力和翻译能力，还能够锻炼口语表达能力。在进行翻译练习的过程中，学生需要理解原文的意思，运用正确的语法和词汇进行表达，从而提高口语表达的准确性和地道性。

在教学中，老师可以设计各种形式的翻译练习，如口译练习、笔译练习等，帮助学生提升口语表达的流利度。通过口译练习，学生可以锻炼快速思维和口头表达能力，提高对英语的听力和理解能力。而通过笔译练习，学生可以提高英语语言的准确性和表达能力，增强对英语语法和词汇的掌握能力。

在进行翻译练习时，学生可以结合实际的语言环境进行练习，如模拟商务谈判、跨文化交流等，从而更好地应用所学知识进行口语表达。同时，学生还可以利用各种多媒体资源进行练习，如听力材料、视频资源等，帮助他们更好地理解和掌握英语口语表达的技巧和规范。

翻译练习可以有效提升学生口语表达的流利度，帮助他们更好地应用所学知识进行口语表达。教师在进行英语教学时，可以结合翻译练习，设计多样化的口语表达活动，提供丰富的口语练习机会，从而激发学生学习英语的兴趣和积极性，帮助他们更好地提高口语表达能力,实现英语教学的有效传授和应用。

通过翻译练习的方式,学生在多样化的口语表达活动中能够不断提升自己的语言技能。在实践中模拟商务谈判和跨文化交流,他们不仅能够加深对英语语法和词汇的理解,同时也能够在真实场景中更好地运用所学知识。

利用多媒体资源进行口语练习,比如听力材料和视频资源,能够帮助学生更直观地感受到英语口语表达的技巧和规范。通过不断的练习,他们可以提高在口语交流中的准确性和流利度,培养自信心和自我表达能力。

教师在这个过程中扮演着重要的角色,他们需要设计各种形式丰富的口语练习活动,激发学生学习英语的兴趣和积极性。通过引导和指导,教师可以帮助学生突破语言障碍,更好地掌握口语表达的技能,实现英语教学的有效传授和应用。

在这样的学习氛围中,学生不仅可以提高口语表达的能力,还可以培养跨文化交流能力,更好地融入国际化的语言环境。通过翻译练习,学生不仅在口语表达上取得进步,同时也在思维方式和文化认知上得到提升,为他们将来的学习和工作奠定坚实基础。

二、增强学生写作能力

一方面,通过翻译作业,学生需要仔细分析原文,理解作者的意图和思想,然后将其准确地转化为另一种语言。这个过程中,学生不仅需要理解语言的含义,还需要考虑如何表达清晰、准确地传达原文的信息。这种思维转换和表达能力的培养对于学生的写作能力是非常重要的。通过翻译作业的练习,学生可以逐渐提高自己的语言表达能力,使自己的写作更加流畅、准确。

另一方面,翻译作业还可以帮助学生提高词汇量和语法水平。在进行翻译的过程中,学生需要不断查阅词典和语法书籍,掌握更多的词汇和语法知识。这种词汇和语法的积累在写作中起着至关重要的作用,可以让学生在表达自己的观点和思想时更加得心应手。翻译作业还可以帮助学生学习各种表达方式和语言结构,丰富自己的表达方式,提高写作的多样性和灵活性。

而且,翻译作业可以帮助学生培养批判性思维和逻辑思维能力。在进行翻译作业时,学生需要仔细分析原文的结构和逻辑,同时还要考虑如何将这种结构和逻辑转化为另一种语言。这种思维训练可以帮助学生更好地理清自己的思路,使自己的写作更加有条理和逻辑性。通过翻译作业的练习,学生可以逐渐培养自己的批判性思维和逻辑思维能力,使自己在写作中能够有条不紊地表达自己的观点和思想。

总的来说,翻译作业不仅可以帮助学生提高英语水平,还可以有效地培养学生的写作技巧。通过翻译作业的练习,学生可以逐渐提高自己的语言表达能力、词汇量和语法水平，使自己的写作更加流畅、准确。同时，翻译作业还可以培养学生的批判性思维和逻辑思维能力，使自己的写作更加有条理和逻辑性。因此，大学英语教学中的翻译作业不仅有益于学生的英语学习，还可以有效地提高学生的写作能力，使他们在未来的学习和工作中取得更好的成绩。

通过翻译作业的持续练习，学生可以逐渐提高自己的阅读理解能力和语感，从而更好地理解和分析英语文本。这种锻炼不仅可以增加学生的词汇量和语法知识，还可以帮助他们更准确地把握文本中的信息和细节。在翻译的过程中，学生需要仔细思考原文的含义，并准确地表达出来，这种思维活动能够促进学生的思维深度和逻辑性。翻译作业还可以提升学生的跨文化交际能力，帮助他们更好地了解不同语言和文化背景下的表达方式和思维模式。

除此之外，通过翻译作业的实践，学生还能够培养自己的耐心和细心，提高自己的注意力和专注力。翻译一篇文章可能需要花费很多时间和精力，学生需要不断地检查和修改，确保翻译结果准确无误。这种耐心和细心的训练有助于培养学生的自律性和自控能力，提升他们的学习效率和质量。

翻译作业在大学英语教学中扮演着重要的角色，不仅可以帮助学生提高英语水平，还能有效地促进学生的思维能力和学习态度的提升。通过翻译作业的实践，学生能够全面提升自己的语言能力、逻辑思维和跨文化交际能力，为他们今后的学习和工作打下坚实的基础。因此，翻译作业应当被视为英语教学中不可或缺的重要环节，并应该得到更加重视和有效的引导。

英语翻译作为大学英语教学中的重要组成部分，不仅可以帮助学生提高英语水平，还可以增强他们的写作能力。通过翻译作业，学生可以接触到不同领域的英语语言材料，从而拓展自己的词汇量和语法知识。这种练习不仅有利于学生理解和掌握英语语言的规范用法，还有助于提高他们的语言表达能力。

在翻译作业中，学生需要将英语文本转化为自己的母语，这要求他们深入理解原文的含义，准确把握语言表达的细微差别。这种思维过程不仅可以帮助学生提高语言理解能力，还可以培养他们的逻辑思维和语言表达能力。通过不断地进行翻译练习，学生可以逐渐提高自己的翻译水平，同时也可以在实践中学到更多的语言知识。

翻译作业还可以帮助学生掌握英语写作的规范。在进行翻译的过程中，学生将接触到各种不同类型和不同领域的英语文本，这些文本都是按照英语语法和写作规范进行撰写的。通过翻译这些文本，学生可以学习到英语写作的规范用法，从而提高自己的写作能力。他们可以学会如何正确地构思、组织和表达自己的观点，使自己的写作更加清晰、流畅和规范。

英语翻译作业在大学英语教学中扮演着重要的角色。通过翻译练习，学生可以提高自己的语言水平，增强自己的写作能力，掌握英语写作的规范。因此，教师应该充分利用翻译作业这种有效的教学方式，帮助学生更好地掌握英语语言规范，提高他们的语言写作能力。只有通过不断地练习和实践，学生才能真正掌握英语语言的规范用法，提高自己的语言表达能力，从而在英语学习中取得更好的成绩。

翻译作业在提高学生英语写作规范方面起着关键作用。通过翻译不同领域的英语文本，学生可以培养自己的写作技能，加深对语法规范的理解。这种练习不仅可以帮助他们提高翻译水平，还可以提升他们的语言表达能力和思维能力。

在翻译作业中，学生需要仔细分析原文的结构和逻辑，准确理解原文作者的意图，然后用恰当的语言表达出来。通过这种实践，他们可以逐渐提高自己的翻译技巧，培养自己的语言感知能力。

除了提高写作规范外，翻译作业还可以让学生接触到不同领域的知识，扩展他们的视野和思维广度。在翻译过程中，他们可能需要了解诸如科技、经济、文化等不同领域的专业术语和背景知识，这有助于他们培养跨学科的综合能力。

教师应该引导学生在翻译作业中不仅注重翻译准确性，更要注重语言的规范性和地道性。他们应该鼓励学生多加练习，不断提高自己的语言水平和翻译技能，使其成为真正优秀的英语写作者。

翻译作业是提高学生英语写作规范的有效途径，其重要性不可忽视。只有通过持续的翻译实践，学生才能真正掌握英语语言的规范用法，并在写作中得心应手。愿更多教师认识到翻译作业的重要性，为学生提供更多机会实践，助力他们成为优秀的英语写作者。

翻译作业不仅可以帮助学生提高英语水平，还可以增强他们的写作能力。通过翻译作业，学生需要深入理解原文的意思，并用自己的语言进行表达，这要求他们具备较强的语言表达能力和逻辑思维能力。

翻译作业可以锻炼学生的语言表达能力。翻译不仅仅是简单地将英文单词或句子转化为中文，更重要的是要把握原文的语言特点和表达方式，找到最恰当的中文表达。这既考验了学生词汇量和语法知识的掌握程度，也锻炼了他们对语言表达的敏感度和把握能力。通过不断地进行翻译训练，学生的语言表达能力将得到有效提升。

翻译作业可以帮助学生提高自己的写作能力。在进行翻译时，学生需要理解原文的逻辑结构和内容，然后用自己的语言进行表达。这种训练可以帮助学生提高组织和表达思想的能力，培养他们的逻辑思维和分析能力。通过翻译作业，学生可以逐渐提升自己的写作水平，更好地表达自己的观点和想法。

翻译作业还可以帮助学生扩大自己的知识面和阅读能力。在进行翻译时，学生需要了解原文的内容和背景知识，这有助于他们了解不同领域的知识和信息。通过翻译作业的积累，学生可以扩大自己的知识面，提高自己的阅读能力和信息获取能力。

翻译作业对于提升学生的写作表达能力具有重要作用。通过翻译训练，学生不仅可以提高语言表达能力，还可以锻炼写作能力和逻辑思维能力，同时扩大知识面和阅读能力。因此，在大学英语教学中，应该重视翻译作业的设置和指导，使之成为提高学生写作表达能力的有效手段。通过不断地翻译练习，相信学生的写作能力会不断地提升，为他们将来的学习和工作打下坚实的基础。

翻译作业还有助于学生培养自己的独立思考能力和判断能力。在进行翻译过程中，学生需要通过对原文的理解和分析，将其转化为自己的表达方式，这需要学生具备分析和思考能力。通过这种方式，学生可以逐渐培养独立思考的能力，培养自己对事物的深入思考和分析能力。

翻译作业还可以帮助学生提高自己的文字表达能力。通过不断地翻译练习，学生可以提高自己的用词准确性和语言表达能力，使自己的表达更加准确清晰。在翻译过程中，学生需要将抽象复杂的概念转化为简洁明了的语言，这对提高文字表达能力具有重要意义。

除了以上提到的能力之外，翻译作业还可以锻炼学生的耐心和毅力。翻译是一个需要耐心和细心的过程，学生需要花费大量的时间和精力来理解原文、翻译和校对，这对培养学生的毅力和耐心具有重要作用。通过不断地坚持和练习，学生可以提高自己的耐心和毅力，养成良好的工作习惯和学习态度。

翻译作业对于学生的综合能力提升具有重要意义。通过翻译训练，学生可以提高自己的独立思考能力、文字表达能力、耐心和毅力，同时扩大自己的知识面和阅读能力。因此，在大学英语教学中，应该重视翻译作业的设置和指导，使之成为促进学生全面发展的有效工具。相信通过不懈的努力和练习，学生的能力水平将会不断提升，为他们未来的发展奠定坚实基础。

英语翻译作为一种重要的教学方法，不仅可以帮助学生提高英语水平，还能够增强学生的写作能力。在大学英语教学中，教师常常会布置翻译作业，让学生将中文翻译成英文或将英文翻译成中文。通过翻译作业，学生不仅能够加深对英语语法和词汇的理解，还可以锻炼自己的思维能力和创造力。

翻译作业可以帮助学生将所学知识运用到实践中，提高他们的语言表达能力。当学生在进行翻译时，他们需要理解原文的意思，并准确地表达出来。这不仅需要学生对语言的敏感度和逻辑思维能力，还需要他们具备一定的创造力和灵活性。通过不断地练习翻译，学生可以逐渐提高自己的翻译水平，培养自己的语言表达能力，进而提高写作水平。

翻译作业还可以帮助学生拓宽视野，丰富词汇量。在翻译过程中，学生可能会遇到一些生词或者短语，需要通过查阅词典或者其他资料来理解和翻译。通过这样的过程，学生会接触到更多的词汇和表达方式，从而提高自己的词汇量。这对于学生来说是非常有益的，可以帮助他们拓展自己的语言能力，提高自己的文化素养。

翻译作业也可以培养学生的创造性思维。在翻译过程中，学生可能会面临一些难以准确翻译的句子或者表达方式，需要通过自己的思考和理解来解决问题。这种挑战可以激发学生的思维活力，促使他们去寻找更好的表达方式，锻炼自己的创造性思维能力。通过这样的训练，学生可以逐渐培养起自己创造性的思维方式，提高解决问题的能力。

英语翻译作业在大学英语教学中发挥着重要的作用，不仅可以帮助学生提高英语水平，增强写作能力，还可以促进学生的创造性思维。因此，教师在设计教学计划时应该注重翻译作业的设置，为学生提供更多的练习机会，促进他们在英语学习中取得更好的成绩。

翻译作业不仅是英语学习中的一种锻炼，更是学生思维创造力的源泉。通过翻译，学生必须思考如何准确表达原文的意思，这需要他们深入理解原文的内容，并通过自己的语言表达出来。在这个过程中，学生需要灵活运用词汇和语法知识，同时也需要发挥自己的想象力和创造力，找到最适合的表达方式。这样的思维挑战可以激发学生的学习兴趣，让他们在不断探索和尝试中提高自己的语言能力和创造性思维。

翻译作业也可以帮助学生提升文化素养。在翻译的过程中，学生不仅要理解原文的意思，还需要考虑原文所处的语言文化背景，尝试用目标语言来呈现出原文所传达的文化内涵。通过这样的跨文化交流，学生能够更深入地了解不同国家和地区的文化习俗、价值观念等，从而增强自己的文化素养。这种跨文化的体验也能够拓宽学生的视野，培养他们的国际意识，使他们在未来的学习和生活中更加开放和包容。

翻译作业在促进学生创造性思维和提高文化素养方面发挥着重要作用。通过不断挑战和练习，学生能够在翻译中发现自己的潜力和能力，不断提升自己的综合素质。因此，教师们应该注重翻译作业的设计和指导，引导学生从中获取更多的知识和成长的机会，让他们在英语学习的道路上走得更远。

翻译作业在大学英语教学中扮演着重要的角色。不仅可以帮助学生提高英语水平，还能增强他们的写作能力和拓展词汇量。通过翻译练习，学生可以在不断地比较中文和英文的表达方式，加深对英语语法和词汇的理解。翻译作业要求学生准确、流畅地表达出原文的意思，这就要求他们在翻译过程中积累更多的词汇量。

翻译作业可以帮助学生拓展词汇量。在翻译过程中，学生需要不断查阅词典、参考资料，积累更多的词汇量。通过翻译作业，学生可以接触到各种不同领域的语言材料，了解更多专业术语和常用词汇，从而丰富自己的词汇库。在翻译作业中遇到生词时，学生会主动查找解释并尝试运用，从而加深对这些词汇的记忆和理解。

翻译作业可以帮助学生提高写作能力。在翻译过程中，学生需要不仅理解原文的含义，还要准确地表达出来。这要求他们不仅要掌握丰富的词汇，还要具备良好的语法和句法能力。通过翻译作业，学生可以不断练习表达和组织语言的能力，提高自己的写作水平。同时，翻译作业也能帮助学生培养准确理解语言信息的能力，从而提升逻辑思维和文字表达的质量。

总的来说，翻译作业在大学英语教学中扮演着重要的角色。通过翻译练习，学生可以提高英语水平，增强写作能力，拓展词汇量。翻译作业不仅可以帮助学生在语言学习中打下坚实的基础，还能培养他们的思维能力和表达能力。因此，教师在英语教学中应当充分利用翻译作业这一有效的教学手段，帮助学生取得更好的学习效果。

通过翻译作业，学生可以培养对英语语言的敏感度和理解力。在翻译过程中，他们需要仔细分析原文的语法结构和词汇搭配，从而准确地传达原文的意思。这种细致入微的工作有助于提高学生的语言表达能力，使他们能够更准确地表达自己的想法和观点。

翻译作业也可以帮助学生培养耐心和细致的工作态度。翻译一篇文章需要花费大量的时间和精力，尤其是对于一些较为复杂的句子和语法结构。通过不断地练习翻译，学生可以培养坚持不懈的品质，提高自己的工作效率和质量。

除此之外，翻译作业也可以促进学生对不同文化背景的了解。在翻译过程中，学生可能会遇到一些文化差异或特殊的表达方式，这要求他们对这些文化背景有一定的了解和掌握。通过翻译作业，学生可以拓宽自己的视野，增加对其他文化的尊重和理解，从而提升自己的国际视野和跨文化交流能力。

总的来说，翻译作业对学生的语言学习和全面发展起着重要的促进作用。通过翻译作业的不断练习，学生可以提高自己的语言表达能力、文化素养和工作态度，为将来的学习和职业发展打下坚实的基础。因此，教师应当充分利用翻译作业这一教学手段，引导学生积极参与，取得更好的学习效果。

三、加强学习者对语言文化的了解

英语翻译在大学英语教学中具有重要意义，不仅为学生提供了有效的练习机会，还能加强他们对语言文化的了解。通过翻译过程，学生不仅能提高自己的英语水平，还能深入了解英语国家的文化，增进对这些文化的认知。这种综合性的学习方式，不仅能够帮助学生更好地掌握英语知识，还能培养他们的跨文化交流能力。因此，英语翻译在大学英语教学中扮演着非常重要的角色，对学生的语言学习和文化认知起着积极的促进作用。

在大学英语教学中，英语翻译不仅仅是一种语言技能，更是一种文化交流的桥梁。通过翻译过程，学生能够感受到不同国家的思维方式和价值观念，从而拓展他们的视野和思维方式。在翻译的过程中，学生需要去理解原文的背景和文化内涵，这种跨文化的学习体验能够帮助他们更好地理解英语国家的社会制度、历史背景和文化传统。

除此之外，英语翻译还能够激发学生对英语学习的兴趣和热情。通过翻译一些具有代表性的文本，学生能够感受到语言的美好之处，提高对英语学习的积极性和主动性。通过不断的翻译练习，学生的英语表达能力和语感也会逐渐提升，从而更好地适应未来的学习和工作环境。

英语翻译还可以培养学生的批判性思维和解决问题的能力。在翻译过程中，学生需要不断地思考和分析语言结构和语言表达方式，这种思维训练对于他们的认知能力和逻辑思维能力起着积极的促进作用。通过英语翻译的实践，学生能够培养自己在面对复杂问题时沉着冷静的态度，提高解决问题的效率和能力。

总的来说，英语翻译在大学英语教学中的重要性不言而喻。通过翻译练习，学生不仅可以提高自己的语言水平，还能增进对英语国家文化的了解，培养批判性思维和解决问题的能力。在未来的学习和工作中，这些能力必将对学生产生积极的影响，帮助他们更好地适应多元化的社会环境。

通过英语翻译的学习，学生可以更好地了解英语国家的生活习惯。这种了解不仅可以帮助学生更好地理解英语表达的含义，还可以让他们更深入地了解英语国家的文化和生活方式。通过翻译练习，学生不仅可以学习到单词和语法，还可以了解不同国家的传统、习俗和价值观念。这种对英语国家生活习惯的深入了解，对学生的英语学习和语言能力提升有着积极的影响。

通过深入了解英语国家的生活习惯，学生可以更好地融入当地社会，与当地人交流互动。了解当地的生活习惯可以帮助学生更快地适应当地的生活环境，并且更好地理解当地人的行为举止。这种了解也可以帮助学生更准确地运用英语进行交流，避免因文化差异而产生误解。

通过深入了解英语国家的生活习惯，学生可以更加开阔自己的视野，拓展自己的思维方式。他们可以通过了解不同生活习惯之间的差异，学会尊重和包容不同文化，形成跨文化交流的意识。这种开阔视野的能力对于学生未来的发展至关重要，可以帮助他们更好地融入全球化的社会。

通过研究和了解英语国家的生活习惯，学生还可以发现一些有趣和有价值的文化传统和习俗。这些文化元素不仅可以丰富学生的生活经验，还可以激发他们对文化的兴趣，促使他们更深入地了解和探索不同文化之间的联系和共通之处。通过学习这些文化传统和习俗，学生可以更好地继承和传承文化遗产，同时也可以促进不同文化之间的交流与融合。

总的来说，深入了解英语国家的生活习惯不仅可以帮助学生提升语言能力，还可以拓展他们的视野，丰富他们的生活体验，促使他们更好地融入全球化社会。这种对生活习惯的深入了解，将对学生的个人发展和未来的职业生涯产生积极的影响。

英语翻译在大学英语教学中扮演着至关重要的角色。通过翻译练习，学生可以更好地理解和掌握英语语言，提高英语水平。同时，翻译也是学生加强对语言文化了解的一个重要途径，对于理解英语文学作品也起着至关重要的作用。通过翻译练习，学生能够更深入地解读文学作品，更好地感受和理解其中所蕴含的文化内涵。因此，英语翻译在大学英语教学中是不可或缺的一环。

在大学英语教学中，英语文学作品扮演着重要的角色，作为学生学习英语语言和文化的重要载体之一。通过学习文学作品，学生可以更好地了解和感受不同时代、不同文化背景下的思想和情感表达方式。文学作品中蕴含着丰富的人生智慧和情感体验，通过学习和解读这些作品，学生可以提升自己的综合素养和人文修养。

在阅读和理解英语文学作品的过程中，翻译起着至关重要的作用。通过翻译实践，学生可以更加深入地理解作品中的语言运用技巧和文化内涵，从而更好地把握作者的写作意图和思想表达。翻译不仅是语言能力的锻炼，更是对文学作品的理解和解读能力的提升，通过不断地练习和磨练，学生可以逐渐在翻译中发现对文学作品的新领悟和体会。

通过翻译练习，学生也可以培养自己的跨文化沟通能力和批判性思维，从而更好地适应多元文化社会的发展和需求。翻译实践不仅是一种技能训练，更是对学生综合素质的全面提升，可以促进学生在文学领域和跨学科研究中的发展，为他们未来的学术和职业发展打下坚实的基础。

因此，英语翻译在大学英语教学中的重要性不言而喻，通过翻译练习，学生能够更好地理解文学作品，提高自己的语言能力和文化素养，为未来的学习和发展奠定坚实的基础。愿每位学生在翻译实践中不断探索、学习和成长，开启文学之旅的精彩篇章！

四、提升学生专业知识水平

通过翻译学习，学生可以更深入地了解相关专业领域的知识，提升自己的专业水平。翻译不仅仅是简单地将一种语言转化为另一种语言，更重要的是通过翻译过程中对语言和文化的思考，促进学生的跨文化交流能力。通过翻译学习，学生可以接触到更多领域的专业文献和资料，帮助他们建立起更为广泛的知识体系，提高自己的学术研究能力。通过翻译学习拓展学生相关专业领域的知识，不仅可以丰富学生的知识储备，还可以为他们今后的学术研究和职业发展打下坚实的基础。

通过翻译学习，学生不仅可以增加自己在相关专业领域的知识储备，还能够提升自己的专业水平。翻译作为一种学习方式，能够帮助学生更好地理解和应用专业知识，拓展视野,培养批判性思维和分析能力。通过翻译学习,学生将接触到更多领域的专业文献和资料,不仅可以加深对专业知识的理解,还能够开拓学术研究的视野,为学生今后的学术研究和职业发展奠定坚实的基础。

翻译学习不仅是简单地进行语言转换,更重要的是促进学生对不同语言和文化的思考和理解。通过翻译学习,学生能够提高自己的跨文化交流能力,培养出色的语言表达能力,为未来的学术交流和国际交流打下基础。翻译学习还可以帮助学生建立起更为广泛的知识体系,促进学生在跨学科研究领域的拓展和深化,使他们成为领域内的专家和领军人才。

通过翻译学习拓展学生相关专业领域的知识,能够激发学生的学习兴趣,激活学生的学习潜能,培养学生扎实的学习基础和独立思考能力。翻译学习是一种全面提升学生综合素质的有效途径,可以培养学生的批判性思维、创新思维和团队合作能力,使他们在未来的学术研究和职业发展中游刃有余,展现出优秀的专业水平和综合素质。

英语翻译在大学英语教学中扮演着重要的角色,为学生提供了一个有效的练习平台。通过翻译,学生不仅可以提高英语水平,还可以加深对专业知识的理解和掌握。同时,翻译也可以帮助学生提高专业术语的运用能力,使他们在未来的专业领域中游刃有余。大学英语翻译与英语教学研究的重要性日益凸显,这不仅是为了提高学生的综合能力,更是为了培养他们成为具有国际视野和竞争力的人才。

大学英语翻译不仅仅是学习英语的一种方式,更是提升学生综合能力的有效途径之一。通过翻译练习,学生可以不断地接触到各种专业领域的知识,提高自己对于专业术语的运用能力。在这个过程中,他们需要不断地查阅资料、学习背景知识,从而更加深入地理解和掌握所学内容。

通过大学英语翻译的实践,学生可以培养自己的逻辑思维能力和分析能力,使他们在未来的学习和工作中能够更加游刃有余。翻译不仅要求学生准确理解原文内容,更要求他们能够准确表达所理解的内容,这对于提高学生的表达能力和沟通能力具有重要意义。

大学英语翻译还可以帮助学生拓展国际视野,加深对不同文化的理解和尊重。在翻译的过程中,学生需要不断地面对不同文化背景下的文字表达和思维方式,从而培养自己的跨文化交际能力。这种能力对于今后国际化程度越来越高的社会环境下,学生具有更强竞争力和适应能力都具有重要意义。

大学英语翻译在提高学生的专业术语运用能力的同时,还能培养学生的综合能力、逻辑思维能力、跨文化交际能力等多方面的能力,为他们未来的发展打下坚实基础。因此,大学英语翻译教学的重要性愈发凸显,成为提高学生综合素质、培养具有国际竞争力的人才不可或缺的一环。

英语翻译在大学英语教学中扮演着至关重要的角色。它不仅可以帮助学生提高英语水平，还可以帮助他们更好地理解专业课程的意义。通过翻译练习，学生可以积累更多的词汇和语法知识，从而更好地理解和学习专业知识。因此，在大学英语教学中，英语翻译是一种非常有效的教学方法，可以提升学生的语言能力和专业知识水平。通过不断练习和提升翻译能力，学生可以更好地理解和掌握专业课程的内容，为将来的学习和工作打下坚实的基础。

在大学英语教学中，英语翻译的重要性不可低估。通过翻译练习，学生可以提升他们的语言能力，从而更好地理解和学习专业课程。翻译不仅可以帮助学生积累更多的词汇和语法知识，还可以培养他们的逻辑思维能力和跨文化交流能力。通过不断练习和提升翻译能力，学生可以更加自信地应对专业课程中的英语资料和文献，为未来的学术研究和职业发展做好充分的准备。

英语翻译还可以帮助学生拓展视野，了解更多国际前沿知识和研究成果。通过翻译各种类型的英语文本，学生不仅可以了解外文资料的内容，还能感受不同文化背景下的思想和价值观。这种跨文化体验有助于学生更全面地认识世界，提高跨文化交流和合作能力。

英语翻译还可以激发学生学习英语的兴趣和动力。通过翻译名著、科技论文等不同领域的英语文本，学生可以感受到英语的魅力和无穷的表达方式。这种兴趣和动力将促使学生自觉地深入学习英语，不断提升自己的翻译水平和专业知识储备。

因此，可以说英语翻译在大学英语教学中扮演着非常重要的角色。它不仅仅是一种教学方法，更是一种促进学生全面发展的有效途径。希望广大学生能够珍惜英语翻译这一学习机会，不断提升自己的翻译能力，为未来的学习和职业发展打下坚实的基础。

通过英语翻译的教学，可以帮助学生提高英语水平，使他们能够更好地理解专业知识，同时也促进了学生对专业发展趋势的了解。英语翻译在大学英语教学中扮演着重要的角色，为学生提供了丰富多样的练习方式，帮助他们更好地掌握语言技能和专业知识。通过英语翻译的实践，学生不仅可以提升英语水平，还可以更深入地了解专业领域的前沿动态，为今后的发展做好充分的准备。因此，英语翻译教学在大学英语教学中具有重要意义，有助于学生全面提升自身素质和能力，更好地适应社会的发展需求。

在当今高速发展的社会情境下，了解专业发展趋势显得尤为重要。通过英语翻译的学习和实践，学生可以不仅仅停留在理论知识上，还可以深入了解行业的最新动态和未来方向。这样的全面知识储备将为他们的职业生涯带来更广阔的发展空间，使其成为具有前瞻性和创新能力的专业人才。

通过英语翻译的学习，学生也能够培养自己的跨文化沟通能力和批判性思维能力。当他们阅读和理解不同语言背景下的专业文献和资料时，能够更好地理解不同文化间的差异和联系,从而更好地进行跨文化交流和合作。同时,在英语翻译的过程中,学生也需要运用批判性思维去理解和分析各种不同的信息和观点,培养自己的独立思考和解决问题的能力。

总的来说,通过英语翻译的教学,不仅可以提高学生的英语水平和专业知识掌握能力,还可以促进他们对专业发展趋势的深入了解,培养其跨文化沟通能力和批判性思维能力,为其未来的学术和职业发展打下坚实的基础。因此,英语翻译教学应当得到更多的重视和推广,以更好地满足学生的综合发展需求。

五、培养学生跨文化交流能力

翻译练习不仅可以提高学生的英语水平,还可以培养他们的跨文化交流能力。通过翻译练习,学生可以更好地理解不同文化背景下的语言表达方式,从而更好地进行跨文化交流。在跨文化交流中,学生需要准确地表达自己的观点和想法,而翻译练习可以帮助他们提高语言表达能力,使他们在交流中更加流畅地表达自己的观点。因此,翻译练习对于提高学生的英语水平和培养跨文化交流能力具有重要意义。

通过翻译练习,学生可以更好地理解不同文化之间的差异,从而更好地适应和融入不同文化环境。在跨文化交流中,理解对方的文化背景和语言习惯是至关重要的,而翻译练习可以让学生更深入地了解这些方面。通过不断地练习翻译,学生可以逐渐提升自己的语言表达能力,并培养出更加敏锐的观察力和理解力。

除此之外,翻译练习还可以激发学生对于其他语言和文化的兴趣,帮助他们拓宽视野,增加见识。在全球化的今天,掌握多种语言并能够进行跨文化交流已经成为一种重要的能力。通过翻译练习,学生不仅可以提高自己的语言水平,还能够增强自己的国际竞争力。

翻译练习也可以激发学生的学习兴趣和学习动力。通过不断地翻译练习,学生可以感受到自己的进步和成就,从而更加有动力地投入到学习中。翻译练习不仅可以提高学生的语言能力,还可以培养学生的自信心和坚持不懈的精神。通过不断地努力和练习,学生可以逐渐掌握更多的语言技巧,为将来的学习和工作打下坚实的基础。

因此,可以说翻译练习在学生的语言学习和跨文化交流能力培养中具有非常重要的作用。通过翻译练习,学生可以不断提升自己的语言水平和交流能力,为未来的发展奠定良好的基础。希望学生能够认真对待翻译练习,不断提高自己的能力,展现出更加出色的表现。

为提高学生英语水平提供有效的练习,培养学生跨文化交流能力,是大学英语教学中至关重要的环节。通过英语翻译的学习,学生不仅能够提升英语水平,还能够更好地了解不同文化背景下的语言表达方式。这种跨文化交流的能力是当今社会越来越重要的素质之一，而英语翻译正是帮助学生打开这扇窗户的工具之一。

在国际交流中，语言不再是交流的障碍，而是搭建沟通桥梁的纽带。通过英语翻译的学习，学生可以更好地融入国际交流中，理解和尊重不同文化之间的差异，从而与他人建立更加深入的联系。这种能力不仅有助于学生更好地适应国际化的学习与工作环境，还能够为他们的未来发展和个人成长提供更广阔的空间。

因此，英语翻译在大学英语教学中的地位不可忽视。通过系统的学习和实践，学生不仅可以提高自己的语言能力，还能够培养出色的跨文化交流能力，为国际交流中更好地融入与交流奠定坚实的基础。这也符合当今社会对人才的需求，培养出具有国际视野和跨文化交流能力的人才，将有助于推动社会的进步与发展。

在当今全球化的社会中，尤其是在国际交流日益频繁的背景下，学生们掌握英语翻译的技能变得至关重要。这不仅是为了更好地融入国际社会，更是为了促进不同文化之间的相互理解与尊重。通过学习英语翻译，学生们可以更深入地了解不同国家之间的特点和差异，拓宽自己的国际视野，增进与外国人的友谊与合作。

在国际交流中，语言只是一个工具，而真正的交流发生在文化的碰撞与交融之中。掌握英语翻译的技能可以帮助学生更好地领会外国人的思维方式和文化背景，从而建立起更深层次的沟通与互动。这种能力不仅可以帮助学生在国际社会中更好地立足，还可以为他们的未来职业发展打下坚实的基础。

英语翻译还可以帮助学生更好地理解国际文化的多样性，促进不同文化之间的相互理解与包容。这不仅有利于促进世界和平与发展，更可以为全球化时代的人才培养注入新的活力与动力。因此，英语翻译在大学英语教学中的地位举足轻重，不容忽视。

总的来说，通过学习英语翻译，学生们可以更好地融入国际交流中，拓宽自己的视野，增进与他人的理解与合作。这不仅是提升个人素养的过程，更是推动世界不断向前发展的重要动力。因此，培养学生的英语翻译能力是大学教育中的一项重要任务，也是塑造未来国际精英的关键一环。

第二节　促进教师教学水平的提升

一、拓展教师的教学手段

翻译教学有助于教师设计多样化的教学活动。通过翻译的练习，学生可以更好地理解和掌握英语语言，提高自己的语言表达能力。同时，翻译教学还可以培养学生的跨文化交流能力，让他们更好地了解不同国家和文化背景下的语言和习惯。在教师教学水平的提升方面，翻译教学可以帮助教师更好地把握学生的语言水平和授课重点，提供更精准的指导和辅导。在教学方法上，翻译教学也为教师提供了更多的教学手段，让教学变得更加生动有趣，激发学生学习的兴趣和积极性。通过翻译教学，教师可以设计各种各样的教学活动，帮助学生更好地理解和掌握英语知识，提高整体的学习效果。

翻译教学的重要性不仅在于帮助学生提高语言水平，更在于促进跨文化交流。在这个全球化的时代，跨文化交流能力已经成为一种重要的竞争优势。通过翻译教学，学生不仅可以学习到英语等外语知识，还可以了解不同国家和文化背景下的语言和习惯。这种跨文化的交流能力不仅有助于学生在国际舞台上更好地交流和合作，也有助于增进不同文化之间的理解和友谊。

翻译教学也为教师提供了更多的教学手段和方法。教师可以通过翻译练习设计各种各样的互动教学活动，激发学生的学习兴趣和积极性。例如，可以设计思维导图、角色扮演、情景对话等形式，让学生在练习翻译的同时，也增强记忆和理解能力。

翻译教学还有助于教师更好地把握学生的语言水平和学习需求，提供更精准的指导和辅导。通过对学生翻译作业的查改，教师可以了解学生的语言表达能力和问题所在，及时调整教学内容和方法，让教学更具针对性和有效性。

总的来说，翻译教学不仅是一种教学方法，更是一种促进语言、文化和跨文化交流的重要途径。它可以帮助学生提高语言水平，增进文化理解，激发学习兴趣，同时也能够提升教师的教学水平和教学成效。在未来的教学中，翻译教学将继续发挥重要作用，为学生和教师带来更多的学习乐趣和成长机会。

英语翻译在大学英语教学中的重要性不可忽视。通过英语翻译，学生可以提高英语水平，培养跨文化交流能力，帮助教师提升教学水平，拓展教学手段。这些都将有助于提升教师课堂教学效果，使学生在学习英语的过程中得到更好的提升。

在教学过程中，教师可以通过英语翻译向学生介绍更多来自不同语言和文化背景的优秀教学资源，拓宽学生的知识面，增加学习的兴趣。同时，英语翻译也可以帮助学生更好地理解和掌握课堂内容，提高学习效率。

除此之外，英语翻译可以帮助教师更好地进行思维引导和知识传授，解决学生在学习过程中遇到的语言障碍问题，提升学习的质量和深度。通过精准准确的翻译，教师可以传达更加清晰明了的教学内容，提升学生的学习动力和积极性。

英语翻译还可以培养学生的语言表达能力和沟通能力，促进学生之间的交流和合作，激发学生学习英语的兴趣和热情，从而提高整体的教学效果。

英语翻译在大学英语教学中扮演着重要的角色，对提升教师课堂教学效果起着至关重要的作用。教师应充分利用英语翻译这一工具，不断提升自身的教学水平，为学生的学习成长提供更好的支持和帮助。

英语翻译在大学英语教学中的重要性，为提高学生英语水平提供有效的练习，培养学生跨文化交流能力，促进教师教学水平的提升，拓展教师的教学手段，激发教师的创新意识。由此可见，英语翻译在大学英语教学中具有重要的意义。在教学过程中，教师需要不断探索创新的教学方法和手段，以激发学生学习的兴趣和潜力，提升学生的英语水平和跨文化交流能力。同时，通过英语翻译的实践，学生不仅可以提高语言功底，还能增强对不同文化背景的理解，培养综合能力和创新思维，从而更好地适应未来社会的发展需求。教师的创新意识对于教学工作的持续发展和提升至关重要，只有不断创新，才能不断进步，为学生提供更优质的教育资源和更有效的学习支持。在英语翻译的实践中，教师应该注重研究和探索适合学生的教学方法和手段，创造性地设计教学内容和活动，激发学生的学习激情和创新能力，为他们的未来发展奠定坚实的基础。教师的创新意识不仅是对教育事业的不断追求和探索，也是对学生个体成长和全面发展的关心和支持。只有教师不断提升自己的创新能力，才能更好地引导学生的学习，培养他们的自主学习能力和终身学习意识，为他们的未来成功和幸福打下坚实的基础。

教师作为教育工作者，肩负着培养学生的使命。在英语翻译的实践中，教师的创新意识不仅仅是在教学内容和方法上不断追求进步，更是在个性化教育方面要有新的突破。每个学生都是独特的个体，有着不同的学习方式和需求。因此，教师应该注重发展学生的个性特长，激发他们的学习热情和创造力。

教师的创新意识还体现在教学资源的更新和利用上。随着科技的不断发展，教师需要不断学习新知识，掌握新技术，将其运用到教学中去，为学生提供更加丰富多样的学习资源。通过利用现代化的教学手段和工具，可以激发学生的学习积极性，使他们在不知不觉中提高自己的学习能力。

教师的创新意识还表现在教学环境的打造上。一个积极向上、充满创造力的学习氛围可以有效地促进学生的学习和发展。因此，教师需要积极布置教室环境，激发学生对知识的渴望和对未来的向往。通过营造一个轻松、愉快的学习氛围，可以使学生更加专注于学习，提高学习效率。

总的来说，教师的创新意识是教育事业中至关重要的一环。只有不断追求进步，不断创新，才能更好地引领学生，为他们的未来成功和幸福奠定坚实的基础。教师的努力和付出将会得到学生的回报，也会为社会的发展做出积极的贡献。愿每位教师都能保持创新意识，不断探索前行，为教育事业增添新的活力和动力。

英语翻译在大学英语教学中的重要性体现在为提高学生英语水平提供了有效的练习，同时也促进了跨文化交流能力的培养。通过英语翻译的教学，不仅有助于学生提升英语水平，还能促进教师教学水平的提升。教师在教学中可以通过英语翻译这一手段，拓展教学的方法，促进教学方法的更新。因此，英语翻译在大学英语教学中扮演着重要的角色。

英语翻译在大学英语教学中扮演着至关重要的角色。它不仅可以帮助学生提高英语水平，还能够增强他们的跨文化交流能力。通过英语翻译的教学，教师可以借助这一工具拓展自己的教学方法，推动教学模式的更新。在实际教学中，通过让学生参与英语翻译的练习，教师可以激发他们学习英语的兴趣，提高他们的语言表达能力。

英语翻译可以帮助学生更好地理解外语文本，提升他们的阅读理解能力。通过翻译不同难度和领域的文章，学生能够扩展自己的词汇量，提高自己的语言组织能力。同时，教师可以根据学生在翻译过程中的表现，及时调整教学内容和教学方法，帮助他们更好地掌握英语知识。

除此之外，通过英语翻译的教学，学生还能够了解不同文化背景下的语言表达习惯和思维方式，培养他们的跨文化交流能力。这对于他们未来的职业发展和国际交流至关重要。因此，英语翻译不仅是提高学生英语水平的有效手段，也是促进教师教学方法更新和跨文化交流能力培养的重要途径。在大学英语教学中，英语翻译的角色不可忽视，它将继续发挥着重要作用。

大学英语翻译与英语教学研究是当前教育领域中备受关注的一个重要课题。英语翻译在大学英语教学中扮演着至关重要的角色，不仅可以提供学生有效的练习机会，还可以培养学生跨文化交流能力，促进教师教学水平的提升。同时，英语翻译也可以拓展教师的教学手段，增强教师的课堂管理能力。通过这一研究课题，我们可以更好地理解英语翻译对于大学英语教学的重要性，为教育事业的发展贡献力量。

英语翻译与英语教学研究一直备受关注，对于大学英语教学来说至关重要。英语翻译不仅可以提供学生锻炼的机会，还可以培养学生的跨文化交流能力。同时，它也对教师的教学水平起着重要的促进作用。在教学中，教师需要具备良好的课堂管理能力，这不仅可以帮助教师更好地控制课堂秩序，还可以提高学生的学习效果。通过英语翻译这一手段，教师可以更有效地管理课堂，使学生更加专注于学习，提高教学的效果。

除此之外，英语翻译也可以为教师提供更多的教学手段，丰富教学内容，使教学更加生动有趣。通过引入英语翻译，教师可以设计更多的互动环节，激发学生的学习兴趣，提高他们的学习积极性。同时，教师还可以借助英语翻译的方式，更好地帮助学生理解英语知识，提高他们的语言表达能力。

在大学英语教学中，英语翻译作为一种重要的教学手段，不仅可以有效提升学生的学习效果，还可以促进教师的教学水平提升，增强教师的课堂管理能力。通过不断探索和研究英语翻译与英语教学的关系，我们可以更好地发挥英语翻译在提高大学英语教学质量方面的作用，为教育事业的发展贡献自己的一份力量。

二、提高教师的专业素养

英语翻译在大学英语教学中的重要性不可忽视，它为学生提供了有效的练习机会，不仅可以提高他们的英语水平，还可以培养他们的跨文化交流能力。同时，英语翻译也可以促进教师的教学水平的提升，并提高他们的专业素养。通过翻译教学，教师们可以对语言知识有更深入的理解，从而更好地指导学生学习。因此，英语翻译在大学英语教学中扮演着重要的角色，对学生和教师都具有积极的意义。

英语翻译在大学英语教学中的重要性是不言而喻的。通过翻译教学，学生可以在实践中提高自己的语言水平，不断积累词汇和语法知识。同时，翻译也是培养学生跨文化交流能力的有效途径，使他们在全球化的背景下更加适应多元化的社会环境。

对于教师来说，翻译教学也是一项不可或缺的工具。通过深入研究和理解语言知识，教师们可以更好地指导学生学习，激发他们学习英语的兴趣。在翻译教学中，教师们经常需要面对各种语言现象和问题，从中不断总结经验，提升自己的教学水平和专业素养。

英语翻译还可以促进学生对英语文化和传统的了解。通过翻译文本，学生们能够接触到各种不同类型的英语作品，从中感受到丰富多彩的英语文化，培养自己的文学素养和审美能力。同时，翻译也为学生提供了展示自己独特才华的舞台，激发他们的创造力和表达欲望。

因此，可以说英语翻译在大学英语教学中扮演着不可或缺的角色，对学生的学习和教师的教学都具有重要意义。通过不断探索和实践，我们可以更好地发挥翻译在英语教学中的作用，为培养高素质的英语人才做出积极贡献。

教师们在教学中要深入了解课程内容，才能更好地引导学生学习，提高教学效果。通过掌握课程内容的深度，教师们能够更有针对性地设计教学活动，更好地帮助学生掌握知识和技能。同时，深度掌握课程内容也能够让教师们更加自信地面对教学挑战，提升自身的教学水平和专业素养。通过不断地深化对课程内容的了解和研究，教师们可以不断提升自己的教学能力，为学生提供更加优质的教育服务。这样，英语翻译在大学英语教学中的重要性也会得到更好的体现。

深入了解课程内容对于教师来说极为重要，因为只有深度掌握了课程内容，教师才能更好地指导学生学习，提升教学效果。通过深入了解课程内容，教师们可以更有针对性地设计教学活动，帮助学生更好地掌握知识和技能。深度掌握课程内容还能够增强教师们面对教学挑战时的自信心，提高他们的教学水平和专业素养。教师们在不断深化对课程内容的了解和研究的过程中，不仅可以提升自己的教学能力，还能为学生提供更加优质的教育服务。因此，深入了解课程内容不仅是提升教学水平的关键，也是教师们不断成长和进步的必由之路。在大学英语教学中，英语翻译的重要性也在这个过程中得到更好的体现，促进教师对课程内容的深度掌握将使英语翻译在教学中发挥更大的作用，为学生提供更全面和深入的学习体验。

提升教师的英语水平，不仅可以提高教师的教学水平，还可以为学生提供更好的英语学习环境。通过英语翻译的训练，教师可以更好地理解和运用英语教学内容，使得学生更容易接受和理解所学知识。同时，提升教师的英语水平也可以提高教师的专业素养，使他们能够更好地参与国际学术交流，推动教育领域的发展。因此，对于大学英语教学而言，提升教师的英语水平具有重要意义。

提升教师的英语水平对于大学英语教学的重要性不言而喻。通过提高教师的英语能力，可以有效促进教学质量的提升，进而创造更好的学习环境。在当今全球化的背景下，教师的专业素养和语言能力显得尤为重要。国际交流中，良好的英语表达能力是教师展示自身教学成果和学术研究的桥梁，为学生提供更广阔的学习视野。除此之外，提升教师的英语水平还可以促进教师之间的合作交流，共同分享教学资源和教学经验，进一步提高教学质量。在如今竞争激烈的教育领域，教师要不断提升自身的英语水平，才能在教育界中保持竞争力，更好地培养出受益终身的学生。因此，提高教师的英语水平是推动教育事业向前发展的关键举措。

激发教师对教学研究的兴趣是大学英语翻译与英语教学研究中至关重要的一环。这一研究方向不仅有助于提高学生的英语水平，还可以培养学生的跨文化交流能力。通过对英语翻译的研究，教师可以深入了解英语语言的特点和应用，从而提升自身的教学水平和专业素养。同时，对英语翻译的探讨也能够激发教师对教学研究的兴趣，促使他们不断探索创新的教学方法和策略，为教育事业的发展贡献自己的力量。因此，激发教师对教学研究的兴趣不仅有益于学生的学习和发展，也是推动大学英语教学进步的重要动力。

激发教师对教学研究的兴趣，可以带来无限的可能性。教师们在探索英语翻译的过程中，会不断积累知识，提升自己的专业素养。他们会从翻译实践中发现教学的新思路，运用这些发现来改进自己的教学方法，使学生更好地理解和掌握英语知识。

激发教师对教学研究的兴趣也会促使他们更多地关注学生的实际学习情况，深入研究学生的学习需求，倾听他们的声音。通过积极参与教学研究，教师们能够更好地了解学生的学习过程，并针对性地调整教学内容和方法，从而提高教学效果。

激发教师对教学研究的兴趣也可以促使教师们与其他同行进行更多的合作与交流。通过与同行的交流合作，教师们可以分享彼此的教学经验和研究成果，相互启发，共同进步。这种合作精神可以激发更多的创新思维，推动教学创新与发展。

总的来说，激发教师对教学研究的兴趣对于教育事业的发展至关重要。只有让教师们保持对教学研究的热情和探索精神，才能不断推动大学英语教学的进步，为学生提供更优质的教育服务，培养出更加优秀的人才。愿所有教师都能热爱教学研究，不断追求进步，为教育事业的发展贡献自己的力量。

三、促进教师与学生之间的沟通

通过翻译教学，我们可以为学生提供更多有效的英语实践机会，帮助他们提高英语水平。同时，翻译教学也促进了学生的跨文化交流能力的培养，让他们更好地了解和融入不同文化。教师在翻译教学中也可以不断提升自己的教学水平，探索新的教学方法和策略，更好地指导学生。通过翻译教学，教师与学生之间的沟通变得更加顺畅，师生关系也随之更加紧密。因此，可以说翻译教学不仅仅是一种教学方法，更是一种沟通桥梁，拉近了师生之间的关系，为学生提供了更加全面的英语学习体验。

通过翻译教学，我们为学生创造了更丰富的英语实践机会，帮助他们在语言表达和交流中变得更加流利自信。学生通过翻译学习，不仅能够提升英语水平，还能够拓展视野，了解更多不同文化的精髓。这种跨文化交流能力的培养，让学生在全球化背景下更具竞争力。

在翻译教学中，教师也得以不断挑战自己，探索新的教学方式和方法，从而提升自己的教学水平。教师通过精心设计翻译教学内容和活动，引导学生在翻译中思辨、分析，培养他们批判性思维和解决问题的能力。教师和学生之间的互动交流变得更加顺畅，共同探讨和解决问题的过程拉近了彼此的距离，建立了更加紧密的师生关系。

翻译教学不仅只是一种教学方法，更是一种情感的沟通，一个师生之间心灵相通的桥梁。教师的关怀和指导让学生感受到了学术和情感上的支持，学生在这种氛围中获得了更加全面的英语学习体验，收获了成长和自信。师生之间共同成长，相互激励，共同进步，共同收获，这正是翻译教学带给我们的无限价值。

英语翻译在大学英语教学中的重要性不可忽视，它为学生提供了有效的练习机会，帮助他们提高英语水平。通过翻译，学生可以培养跨文化交流能力，促进教师的教学水平提升。同时，翻译也促进了教师与学生之间的沟通，加深了师生之间的合作关系。在学习过程中，教师和学生的共同努力将会为学生的学业发展带来积极的影响。

在大学英语教学中，翻译起着重要的作用。它不仅是学生提高英语水平的有效练习机会，更是促进教师与学生在学业上合作的重要途径。通过翻译，学生不仅可以锻炼自己的跨文化交流能力，还可以激发学习英语的兴趣。在课堂上，教师和学生一起探讨翻译中遇到的问题，相互学习，共同进步。这种密切的合作关系不仅提升了教学质量，也增进了师生之间的情感联系。

通过翻译，教师可以更好地了解学生的学习状况和需求，有针对性地进行指导和帮助。而学生也可以在教师的指导下,提升自己的英语表达能力和理解能力。在这个过程中,教师和学生之间形成了良好的互动模式,相互倾听,相互学习,共同进步。

除了在课堂上的合作互动,翻译还可以作为学生展示自己能力的舞台。通过翻译作业,学生可以展现自己的独特见解和语言表达能力,激发自信心和学习动力。同时,教师也可以通过学生的翻译作业,了解学生的学习情况,及时调整教学方法和内容,促进学生的综合能力的提升。

总的来说,翻译不仅是学生提高英语水平的重要练习方式,更是促进教师与学生之间建立良好合作关系的有力工具。在教学过程中,教师和学生共同努力,相互协作,将会取得更加显著的成就,为学生的学业发展带来积极的影响。

通过英语翻译的教学方法,可以帮助教师更好地理解学生学习需求。英语翻译在大学英语教学中的重要性不言而喻,它为学生提供了丰富的练习机会,从而有效地提高他们的英语水平。通过跨文化交流的活动,学生们可以更好地理解不同文化背景下的语言使用方式,培养他们的跨文化交流能力。同时,教师们也可以通过学生们的作品了解到学生的学习状态和需求,有针对性地进行教学。在教师与学生之间建立起更加紧密的沟通与联系,将有助于提升教学水平,促进教育教学工作的有效开展。

英语翻译的教学方法不仅可以帮助学生提高英语水平,更可以帮助教师更好地洞察学生的学习需求。通过课堂上学生们的互动与表现,教师可以逐渐了解到每个学生的学习状态和喜好。有时候,学生们可能会在言语中透露出自己对某个知识点的困惑或者兴趣,这时候教师可以根据这些线索有针对性地调整教学内容,使学生更容易理解和接受。通过英语翻译的教学方法,教师们还可以更好地了解学生在跨文化交流方面的需求和挑战。不同文化背景下的学生可能面临着不同的语言习惯和沟通障碍,而教师可以通过学习他们的作品和表达方式来更好地帮助他们解决这些问题。因此,英语翻译不仅仅是一种学习工具,更是教师和学生之间建立联系和沟通的桥梁,有助于提升教学质量和学生的学习效果。通过这样的教学方法,教师可以更好地满足学生的学习需求,使教育教学工作更加高效和顺利地开展。

通过英语翻译在大学英语教学中的重要性,我们能够为学生提供更加有效的练习,帮助他们提高英语水平。同时,英语翻译也能够培养学生的跨文化交流能力,让他们更好地融入国际社会。除此之外,英语翻译也有助于促进教师的教学水平提升,使他们能够更加全面地指导学生学习。通过英语翻译,教师与学生之间的沟通也得以促进,让双方更加密切地合作。最重要的是,英语翻译拓展了教师与学生之间的交流方式,使教学过程更加丰富多彩,激发学生学习的兴趣。

英语翻译在大学英语教学中的重要性不言而喻,它不仅可以提高学生的英语水平,还可以培养他们的跨文化交流能力。在教师与学生之间,通过英语翻译,沟通变得更加顺畅，教师能更好地指导学生学习。同时，学生也能更好地理解教师的教导，促进双方的合作。通过英语翻译，教学过程变得更加生动有趣，激发了学生学习的热情。教师可以借助英语翻译工具，使课堂内容更加生动有趣，吸引学生的注意力，从而提高教学效果。英语翻译也有助于学生更好地理解外文资料，拓展他们的知识面。教学中，通过英语翻译，可以提升教师的教学水平，使教学内容更加全面。学生可以通过英语翻译更好地掌握知识，提高学习效率。通过不断地练习英语翻译，学生的英语水平也会得到提高，更好地适应国际社会的需要。英语翻译不仅是一种技能，更是一种沟通的桥梁，促进了教师与学生之间的有效交流，使教学成果更加丰硕。

通过英语翻译在大学英语教学中的重要性，可以为学生提供更有效的练习，培养他们的跨文化交流能力。同时，促进教师的教学水平提升，加强教师与学生之间的沟通。这样的互动和交流将增进师生之间的信任和理解，为教学环境的良性发展奠定基础。

在大学英语教学中，通过英语翻译的练习不仅可以帮助学生提高他们的语言水平，更重要的是可以培养他们的跨文化交流能力。通过翻译练习，学生可以更好地理解不同文化背景下的语言表达方式和思维方式，从而拓展他们的视野，增强他们的跨文化沟通能力。

同时，对于教师而言，翻译的练习也是一种很好的教学方式。通过指导学生进行翻译练习，教师可以更好地了解学生的语言水平和学习能力，从而有针对性地进行教学。通过与学生的互动和交流，教师可以更好地了解学生的需求和困惑，及时调整教学内容和方法，提升教学效果。

在这样的教学环境下，师生之间的信任和理解会得到进一步加强。学生会感受到教师的关心和支持，愿意更多地参与到课堂活动中。而教师也会更加关注学生的学习情况，尽力帮助他们克服困难，取得更好的学习成绩。

因此，在大学英语教学中，通过英语翻译的练习可以促进师生之间的良好互动和交流，为教学环境的良性发展奠定坚实的基础。希望在不久的将来，通过这样的教学模式，学生能够更好地掌握英语，更好地适应跨文化交流的需求，为未来的发展打下坚实的基础。

四、帮助教师更好地解决教学难题

教师在大学英语教学中扮演着关键的角色，他们对学生的学习成绩和英语水平起着至关重要的作用。然而，在教学过程中常常会碰到各种难题和挑战。翻译教学的引入为教师提供了一种全新的思路，通过有效的练习和跨文化交流，学生们可以提升他们的英语水平和跨文化交流能力，从而更好地适应未来的工作和生活。同时，翻译教学也可以促进教师的专业水平和教学方法的提升，帮助他们更好地解决教学难题，为学生提供更好的教育服务。因此，翻译教学在大学英语教学中具有重要意义，为教师提供了解决教学问题的新思路，同时也为学生提供了更多的学习机会和挑战。

在大学英语教学中，教师的角色至关重要。他们不仅是知识的传递者，更是学生学习过程中的引导者和榜样。然而，教学过程中会遇到各种各样的挑战和困难。翻译教学的引入为教师提供了一种全新的思路，让他们可以更好地应对这些挑战。

通过翻译教学，教师可以激发学生的学习激情和跨文化交流能力。在这个过程中，学生们不仅可以提升英语水平，还可以更好地理解和融入不同文化背景之间的交流。同时，翻译教学也可以帮助教师更好地反思自己的教学方法和提升专业能力。

在翻译教学的指导下，教师可以更灵活地调整教学内容和方法，更好地满足学生的需求。他们可以结合学生的实际情况和兴趣，设计更加具有针对性的教学计划，提高教学效果。同时，翻译教学也可以激发教师的教学热情，让他们更具有创造性地解决教学难题。

总的来说，翻译教学为大学英语教学带来了全新的思路和方法。它不仅可以提升学生的英语水平和跨文化交流能力，还可以帮助教师更好地解决教学问题，提高教学质量，为学生提供更全面的教育服务。因此，翻译教学在大学英语教学中具有重要的意义，为教师和学生带来了更多的学习机会和挑战。

英语翻译在大学英语教学中的重要性不言而喻，它为学生提供了有效的练习机会，有助于培养他们的跨文化交流能力。同时，通过英语翻译的学习，可以促进教师教学水平的提升，帮助他们更好地解决教学难题。英语翻译也有助于促进教师更好地分析和把握学生学习情况，从而更好地指导他们的学习。在大学英语教学中，英语翻译的作用不可忽视，它为学生和教师提供了宝贵的机会，促进了教学质量的提升。

英语翻译在大学英语教学中的重要性不言而喻。它不仅为学生提供了有效的练习机会，有助于培养他们的跨文化交流能力，同时也可以促进教师教学水平的提升，帮助他们更好地解决教学难题。除此之外，英语翻译还有助于教师更好地分析和把握学生学习情况，从而更好地指导他们的学习。通过英语翻译的学习，学生不仅可以提高英语水平，还可以培养自己的思维能力和逻辑能力，训练自己的观察和分析能力。而对于教师而言，通过研究学生的翻译作品，他们可以更加深入地了解学生的学习习惯和思维方式，从而有针对性地开展教学工作，更好地满足学生的学习需求。因此，英语翻译在大学英语教学中是一项不可或缺的重要活动，它为学生成长和教学质量的提升提供了宝贵的支持和帮助。

英语翻译在大学英语教学中起着至关重要的作用，通过有效的练习可以提高学生的英语水平，培养他们跨文化交流的能力。同时，这也促进了教师的教学水平的提升，帮助他们更好地解决教学难题和提升解决教学难点的能力。通过英语翻译的训练，学生和教师都可以在教学实践中不断提升自己，取得更好的教学效果。整体来看，英语翻译在大学英语教学中扮演着重要角色，对于学生和教师的发展都有着积极的影响。

英语翻译在大学英语教学中的重要性不言而喻。通过有效的练习，学生能够提高英语水平，培养跨文化交流的能力，这对他们的发展至关重要。与此同时，英语翻译的训练也对教师的教学水平起着巨大的促进作用。教师可以借助此提升自己的解决教学难题的能力，实现更好的教学效果。在教学实践中，学生和教师都可以通过英语翻译不断完善自己，达到更高的教学水平。英语翻译在大学英语教学中扮演着不可或缺的重要角色，对于整个教学环境的提升与发展都有着积极的影响。

鼓励教师勇于尝试新的教学方法，是为了不断提升教学质量和教学效果。新的教学方法能够激发学生学习的兴趣，促进他们的学习动力，提高他们的学习效率。同时，新的教学方法也可以帮助教师更好地解决教学难题，提升他们的教学水平。教师在尝试新的教学方法的过程中，不仅可以不断改进自己的教学技能，还能够为学生提供更加全面、丰富的学习资源。因此，鼓励教师勇于尝试新的教学方法，对于推动大学英语教学的发展具有重要的意义。

新的教学方法不仅可以帮助教师更好地适应时代发展的需要，提高教学的灵活性和实效性。同时，新的教学方法还能够促进教师间的交流和共享经验，从而形成良好的教学氛围。教师在不断尝试新的教学方法的过程中，也会培养自己的创新意识和能力，提高自身的综合素质。

鼓励教师尝试新的教学方法还可以激发教师对教育事业的热情和动力，增强他们的责任感和使命感。这样的积极性将会传导给学生，营造出更加浓厚的学习氛围，推动学生成长和发展。通过不断地尝试和实践，教师可以更好地发掘学生的潜能和个性特点，为他们提供更为个性化的学习指导，促进他们全面发展。

鼓励教师勇于尝试新的教学方法是为了提高教学质量，激发学生的学习动力，促进教师和学生的共同发展。只有不断地创新和探索，教育事业才能不断前行，为社会培养更多更优秀的人才做出应有的贡献。希望所有教师都能积极拥抱变革，不断改进自身的教学方法，为教育事业的蓬勃发展贡献自己的力量。。

五、促进教师教学研究的发展

大学英语翻译与英语教学研究的重要性不言而喻，通过翻译教学，不仅能够为学生提供有效的英语练习，同时也有助于培养他们的跨文化交流能力。翻译教学也在促进教师的教学水平提升和教学研究的发展方面起到了积极作用。通过研究翻译教学，教师们

第一章 英语翻译在大学英语教学中的重要性

可以得到丰富的研究素材,从而不断提升自己的教学能力和水平,为学生提供更好的教学服务。因此,翻译教学在大学英语教学中具有不可忽视的重要性,对于推动教学改革和提高教学质量具有重要意义。

大学英语翻译与英语教学研究的重要性不言而喻。翻译教学不仅仅是一种教学方法,更是一种能够促进师生多方面发展的教学方式。通过翻译教学,学生们可以在实践中提升他们的英语水平,培养他们的跨文化交流能力。与此同时,教师们也可以通过翻译教学不断提升自己的教学能力和水平。在教学过程中,教师们不仅需要关注学生们的学习情况,还要不断更新教学内容和方法。翻译教学不仅帮助教师们发现学生们的学习需求,还可以激发教师们的教学激情和创造力,从而提高教学效果。同时,翻译教学也为教师们提供了丰富的教学素材,让他们在教学中有更多的选择和可能性。通过翻译教学,教师们可以更好地引导学生,激发他们学习的兴趣和动力。翻译教学在大学英语教学中扮演着重要的角色,它不仅可以促进教学改革,还可以提高教学质量,为整个教育事业的发展做出贡献。

英语翻译在大学英语教学中扮演着重要角色,为学生提供了有效的练习,并促进了他们的语言水平的提高。同时,跨文化交流的能力也得到了培养,使学生能更好地融入国际社会。教师教学水平也随之提升,教学方法不断创新和改进,推动了教学研究的发展。通过英语翻译,教师们不断探索新的思路和方法,为教学研究提供了新的视角和可能性。

在教学中,英语翻译不仅仅是一种工具,更是一种沟通的桥梁。通过翻译,教师与学生之间的交流更加顺畅,帮助学生更好地理解和掌握知识。同时,翻译也可以帮助教师调整教学内容和方式,使教学更贴近学生的需求和实际情况。

除了在课堂教学中发挥作用,英语翻译还在学术研究中扮演着重要角色。许多研究成果需要通过翻译来传播和交流,促进了学术界的发展和合作。同时,翻译也为教师提供了更多的学术资源和文献支持,拓展了他们的研究视野,激发了更多的研究灵感和创新思路。

总的来说,英语翻译在大学英语教学和教学研究中具有不可替代的重要性。它不仅促进了学生的语言学习和跨文化交流能力的提高,也推动了教师的教学水平和研究工作的不断发展。继续深入挖掘翻译在教学和研究中的作用,将为教育事业带来更多的创新与进步。

考虑到大学英语翻译在英语教学中的重要性,为了提高学生的英语水平,我们必须提供有效的练习。这样不仅可以帮助学生加强语言表达能力,还能培养他们的跨文化交流能力。同时,大学英语翻译也可以促进教师教学水平的提升,使他们更加深入了解英语教学的关键点。借助英语翻译进行教学研究,可以为教师们提供更多实践机会,促进教学研究的发展。通过参与教学研究活动，教师们可以不断提升自己的教学水平，为学生提供更好的教学环境和资源。因此，促进教师积极参与教学研究的活动是至关重要的。

促进教师积极参与教学研究的活动对于提高教学质量和学生水平具有重要意义。教师通过参与教学研究，能够不断改进自己的教学方法和策略，更好地适应学生的需求。在研究过程中，教师们可以结合实际教学经验，发现问题并加以解决，提升教学效果。同时，教学研究还能够激发教师们的教学热情和创新意识，使他们更有动力投入到教学工作中。通过与同行分享研究成果和经验，教师们可以相互学习、相互启发，共同进步。而教师的积极参与也将为整个学校教学环境带来积极影响，形成良性的教学氛围。在教师们共同努力下，教学质量和学生学习效果将得到有效提升，为学校的发展奠定坚实基础。因此，我们应当积极营造支持教师参与教学研究的氛围，为他们提供更多的支持和奖励，激励他们踊跃投身于教学改革和创新之中。这样不仅有利于教师个人的成长和发展，也将为学生的学习之路铺设更广阔的道路。

第二章　英语翻译对学生英语学习的促进作用

第一节　提高语言水平

一、扩大词汇量

学习新词汇是学生提高语言水平和扩大词汇量的关键步骤。通过英语翻译，学生可以更深入地了解新词汇的意思，从而更好地掌握和运用这些词汇。学习新词汇可以帮助学生在阅读、写作和口语表达中更准确地表达自己的意思，提高语言表达能力。同时，学习新词汇也可以拓展学生的词汇量，使他们在不同场合能够灵活运用不同的词汇，提升语言表达的丰富度和准确度。通过英语翻译学习新词汇，学生可以更好地理解单词的用法和意义，进而有效地记忆和应用这些词汇。总的来说，学习新词汇是英语学习中不可或缺的重要环节，通过英语翻译学习新词汇，能够有效提高学生的语言水平和词汇量。

学习新词汇对于提高语言水平和扩大词汇量确实至关重要。通过英语翻译，我们可以更深入地了解新词汇的意思，从而更好地掌握和运用这些词汇。在阅读、写作和口语表达中，准确表达自己的思想是非常关键的。学习新词汇可以让我们更加丰富多彩地表达自己的观点，使得我们的语言表达更加生动和具体。学习新词汇也有助于拓展我们的词汇量，让我们在不同场合能够轻松运用各种词汇，更好地表达自己的想法和情感。

通过英语翻译学习新词汇，我们可以更好地理解单词的用法和含义，有助于我们更有效地记忆和应用这些词汇。在日常生活中，经常使用和实践新学到的词汇，会让我们的语言能力得到更快速的提升。因此，学习新词汇不只是为了应付考试，更是为了提升我们的语言表达能力，让我们在人际交流中更加得心应手。

总而言之，学习新词汇是英语学习中不可或缺的一部分。通过英语翻译不断积累和运用新词汇，可以有效提高我们的语言水平和词汇量，让我们的语言表达更加地生动、准确和丰富。因此,不论是在学习中还是在实际生活中,我们都应该注重学习新词汇,不断提升自己的语言能力。

在大学英语学习中,英语翻译对学生的语言能力起着重要的促进作用。通过英语翻译,学生可以更好地提高语言水平,扩大词汇量,并掌握词汇在实际应用场景中的意思。这不仅有助于提高学生的词汇运用能力,还能帮助他们更好地理解和掌握英语语言的精髓。在进行英语翻译的过程中,学生可以不断地积累和吸收新的词汇,从而丰富自己的词汇量,提高语言表达能力。通过对不同场景下的词汇进行翻译,学生可以更深入地理解词汇在不同语境中的含义和用法,从而更好地运用这些词汇进行表达。英语翻译的过程不仅可以帮助学生提高语言水平,扩大词汇量,更可以让他们在实际应用场景中更加自如地运用所学的词汇,提高英语语言的实际应用能力。通过英语翻译的方式,学生可以更好地理解和掌握英语语言的精髓,提高自己的语言能力,为将来的学习和工作打下坚实的语言基础。

在学习英语写作的过程中,掌握词汇应用场景是至关重要的一环。通过不断地丰富词汇量,并将这些词汇运用到实际场景中去,可以让我们更好地理解和掌握英语语言的精髓。举例来说,当我们在进行英语翻译的时候,通过积累和吸收新的词汇,可以提高我们的语言表达能力。同时,通过翻译不同场景下的词汇,我们可以更深入地理解这些词汇在不同语境中的含义和用法,从而更加自如地运用它们进行表达。

在实际应用场景中,有时候词汇的选择会直接影响到我们的表达效果。通过掌握词汇的应用场景,我们可以更加准确地表达自己的意思,提升语言的实际运用能力。英语翻译的过程不仅可以让我们提高语言水平,扩大词汇量,还能让我们更好地融入不同的语境中,提高我们的表达能力。

通过英语翻译的方式,我们可以更好地理解和掌握英语语言的精髓,为将来的学习和工作打下坚实的语言基础。在不断地练习和实践中,我们能够逐渐提高自己的词汇运用能力,使我们在遇到复杂的语言表达问题时能够游刃有余地应对。因此,掌握词汇应用场景是我们在英语写作中必不可少的一环,只有通过实践和不断地积累,我们才能真正地提高自己的英语语言能力。

二、提升语法能力

英语翻译作为一种学习方法能够帮助学生提高语言水平。通过将英语文本转换成母语文本,学生可以更好地理解句子结构及其含义。这种翻译过程不仅要求学生掌握准确的语法知识,还需要他们具备一定的语言表达能力。因此,英语翻译对学生的语法能力提升起到了积极的促进作用。

第二章　英语翻译对学生英语学习的促进作用

在翻译的过程中，学生需要逐字逐句地理解原文的含义，并准确地将其表达出来。这种训练不仅可以提高学生的语言水平，还可以帮助他们更深入地了解英语的语法规则。通过对比自己的翻译和正确答案的差异，学生可以及时发现并纠正自己在语法上的错误，从而提升语法能力。

通过翻译英语文本，学生还能够更好地理解句子结构的含义。他们需要分析句子中各个成分之间的关系，理解修饰语和被修饰语之间的逻辑关系，从而准确地表达原文的意思。这种训练可以帮助学生培养条理清晰的逻辑思维能力，提高他们在理解和表达语言时的准确性和逻辑性。这些能力的提升对于学生在学习英语和应用英语时具有重要意义。

通过对句子结构的理解，学生可以更加准确地表达自己的思想和观点。他们可以更清晰地传达信息，使读者更容易理解他们想要表达的意思。理解句子结构还可以帮助学生在写作中更好地控制句子的长度和复杂度，使文章更加通顺和连贯。

在翻译过程中，学生需要不断地思考如何将英文句子转化为自己熟悉的语言。这种思维训练可以帮助他们提高逻辑思维能力和跨语言表达能力。同时，通过不断地练习翻译，学生还可以积累大量的词汇和表达方式，为以后的写作和口语表达打下良好的基础。

理解句子结构对于学生的语言能力提升具有重要的促进作用。通过不断地练习翻译和分析句子结构，学生可以提高语言表达的准确性和逻辑性，使自己在学术和职场上更加流利和自信。希望学生能够认真对待这项训练，不断地提升自己的语言能力，取得更好的成绩。

学习语法规则可以帮助学生更好地掌握英语语言的基本结构。通过翻译英文文本，学生可以逐步了解英语句子构成和语法规则的运用，从而提高自己的语言水平。这种学习方式不仅可以帮助学生提升语法能力，还可以加深他们对语法规则的理解。通过不断地练习翻译英文文章，学生可以在实践中掌握语法知识，从而更加熟练地运用英语进行表达。学习语法规则是学习英语的重要一环，通过翻译练习可以帮助学生更加深入地理解和掌握这些规则，从而提高他们的语言能力和表达水平。

学习语法规则是学习英语的必经之路。只有通过深入研究句子构成和语法规则的运用，学生才能更好地掌握英语语言的基本结构。通过翻译英文文本，学生可以逐步提高自己的语言水平。在实践中不断练习翻译英文文章，可以让学生更加熟练地运用英语进行表达。掌握语法知识是学习英语的核心，通过翻译练习可以帮助学生更深入地理解和掌握这些规则。不仅如此，学生还可以通过学习语法规则提高自己的语言能力和表达水平。虽然学习语法可能会显得有些枯燥，但是这是通向流利英语之路的必由之路。只有坚持不懈地学习，不断练习和提高，才能真正掌握英语语法的精髓，让自己变得更加自信和顺畅地运用英语进行沟通。通过学习语法规则，学生可以打好坚实的语言基础，为将来的英语学习奠定扎实的基础，让自己的语言能力得到更好的提升。

三、增强语感

在大学英语学习过程中，英语翻译扮演着至关重要的角色。通过对英语文本的翻译，学生不仅可以提高语言水平，增强语感，还能更好地熟悉语言节奏。这种翻译训练不仅仅是简单地将文字从一种语言转换成另一种语言，更是一种锻炼语言能力的过程。通过不断地翻译和比对，学生能够更深入地理解英语表达方式，提高自己的表达能力和理解能力。在英语教学中，熟悉语言节奏不仅帮助学生更好地掌握语音、语调等语言要素，还有助于他们更好地理解并运用英语的语言规律。通过对不同语言成分的比较和修正，学生能够更好地掌握英语语言的特点，提高自己的语言运用水平。在这个过程中，学生不仅会提高自己的语言能力，还会感受到语言的魅力，激发学习的兴趣。因此，英语翻译在大学英语教学中具有重要的促进作用，为学生的英语学习打下坚实的基础。

生不仅可以提高语言水平，增强语感，还能更好地熟悉语言节奏。这种翻译训练不仅仅是简单地将文字从一种语言转换成另一种语言，更是一种锻炼语言能力的过程。通过不断地翻译和比对，学生能够更深入地理解英语表达方式，提高自己的表达能力和理解能力。在英语教学中，熟悉语言节奏不仅帮助学生更好地掌握语音、语调等语言要素，还有助于他们更好地理解并运用英语的语言规律。通过对不同语言成分的比较和修正，学生能够更好地掌握英语语言的特点，提高自己的语言运用水平。在这个过程中，学生不仅会提高自己的语言能力，还会感受到语言的魅力，激发学习的兴趣。因此，英语翻译在大学英语教学中具有重要的促进作用，为学生的英语学习打下坚实的基础。

在进行翻译训练的过程中，学生除了要注重语言水平的提升，还需要不断地操练，磨练自己的语感。熟悉语言的节奏可以帮助学生更好地把握语言的韵律，使表达更加流畅自然。同时，通过翻译的练习，学生可以逐渐建立起对不同语言之间的联系和对比，从而更好地理解各种语言的差异和共同之处。这种比较和对照的过程，可以让学生更好地把握语言的细微之处，提高自己的翻译能力和表达能力。

翻译训练还可以激发学生的学习兴趣和动力，让他们在学习过程中感受到成功的喜悦和成就感。通过不断地挑战和突破自己的语言能力，学生可以逐渐建立起自信心，更加积极地投入到英语学习中。因此，熟悉语言节奏不仅可以提高学生的翻译水平，还可以培养他们的自学能力和创新能力。通过这种训练，学生可以更好地应对各种语言学习的挑战，提升自己的综合能力，为未来的学习和工作打下坚实的基础。

英语翻译在学生的英语学习过程中扮演着重要的角色，通过翻译的练习，学生可以更好地理解英语表达方式，提高语言水平。翻译不仅是简单地将一种语言转换为另一种语言，更重要的是培养学生对语言的理解和运用能力，增强他们的语感。通过翻译的练

第二章　英语翻译对学生英语学习的促进作用

习，学生可以更加准确地把握语言表达方式的意思，从而在表达自己的想法和观点时更加准确、流畅。在大学英语教学中，翻译作为一种重要的学习方法，可以帮助学生更好地掌握英语语言的精髓，提高他们的语言表达能力。通过不断地进行翻译练习，学生可以逐渐提高自己对英语语言的理解和运用能力，从而在日常交流和学术写作中获得更好的表达效果。因此，英语翻译在学生的英语学习中发挥着十分重要的促进作用，有助于学生提高语言水平、增强语感，掌握更加准确和丰富的语言表达方式。

生活中，我们随处可见各种不同的语言和文化。为了更好地理解这些多样性，我们需要掌握不同语言的表达方式。通过学习翻译，我们可以更深入地了解一种语言的内涵和特点，从而提升我们的语言能力。翻译并不仅仅是简单地将一种语言转化为另一种语言，更重要的是借此培养我们对语言的敏感度和运用能力。

通过翻译的练习，我们可以更加准确地把握语言表达方式的细微差别，训练我们对语言的敏感度和灵活运用能力。在大学英语教学中，通过不断地进行翻译练习，我们可以逐渐提高自己对英语语言的理解和运用能力。这种训练不仅有助于我们在学术写作中准确表达自己的观点，也能够在日常交流中更加得心应手。

英语翻译也有助于我们拓展视野，了解不同文化背景下的表达方式和习惯。通过翻译，我们可以更深入地理解不同文化之间的相似和差异，加深对世界的认识和理解。同时，翻译也是一种培养耐心和专注力的过程，通过不断地练习和挑战，我们可以提升自己的学习能力和应变能力。

总而言之，翻译作为一种重要的学习方法，不仅有助于我们提高语言表达能力，更能够促进我们的跨文化交流和理解。通过不懈地努力和练习，我们可以逐渐掌握更加准确和丰富的语言表达方式，不断提升自己的语言水平，丰富自己的视野和思维。

通过英语翻译的学习，学生可以提高语言水平，增强语感，提高语音语调准确性。这对于他们在英语学习中起到了非常重要的作用。学生通过翻译的练习，可以更加深入地理解语言的结构和规则，从而提高自己的语言水平。而在翻译过程中，不仅需要理解文本的意思，还需要准确地表达出来，这有助于提高学生的语感。通过反复练习翻译，学生在模仿英语语音语调的过程中，可以逐渐提高自己的语音语调准确性，使自己的英语发音更加地流利和自然。因此，可以说英语翻译对学生英语学习的促进作用是非常显著的。

通过英语翻译的学习，学生可以潜移默化地提高自己的语言表达能力，不仅在词汇量和句法结构方面有所增长，更能够在交流中流畅自如地表达自己的想法。通过翻译实践，学生还可以培养自己的逻辑思维能力，提高分析和归纳能力。通过认真思考和推敲文本，不断练习翻译，学生可以更好地理解英文原文的内涵，并学会在不同语境下正确理解和运用语言。这种潜移默化的提升也将使学生在未来的英语学习和语言应用中游刃有余。因此，英语翻译的学习对于学生的语言能力提高和综合素质的提升具有重要的促进作用。

英语翻译在大学英语教学中的作用不可忽视，它不仅有助于提高学生的语言水平，增强他们的语感，更重要的是帮助他们增进语言交流的流畅度。通过翻译，学生可以更深入地理解英语语言的特点和规律，从而更好地掌握英语表达的方式和技巧。在翻译过程中，学生需要不断思考语言之间的对应关系，这样可以帮助他们更准确地把握英语的语义和语法结构。通过翻译练习，学生可以不断提升自己的语言表达能力，增强自信心，并且更加流利地与他人进行语言交流。因此，英语翻译在大学英语教学中起着至关重要的作用，对学生的语言学习产生积极的促进作用。

在大学英语教学中，英语翻译作为一种重要的学习手段，对学生的语言能力提升起着至关重要的作用。通过翻译练习，学生可以逐渐培养对英语语言的深刻理解，从而更好地掌握其表达方式和技巧。在翻译过程中，学生需要通过思考语言之间的对应关系来准确把握语义和语法结构，这进一步促进了他们的语言表达能力的提升。通过不断练习翻译，学生可以增强自信心，更加流利地与他人进行语言交流。

英语翻译还能帮助学生拓展他们的语言视野，使他们能够更广泛地接触到不同领域的知识和文化，从而提升他们的综合能力。通过翻译，学生可以了解不同国家或地区的文化和习俗，培养跨文化交流的能力，为他们未来的国际交流和合作打下坚实的基础。

总的来说，英语翻译在大学英语教学中的重要性不可忽视，它不仅帮助学生提高语言水平，增强语感，还帮助他们增进语言交流的流畅度，拓展语言视野，促进跨文化交流能力的培养。因此，在英语教学中，应该更加重视英语翻译这一学习方式的应用，以促进学生在语言学习过程中的全面发展。

四、锻炼思维能力

英语翻译对学生英语学习的促进作用表现在提高语言水平、锻炼思维能力和训练逻辑思维等方面。通过翻译练习，学生能够不断地提升自己的语言水平，使自己在英语学习中更加得心应手。同时，英语翻译也是一种很好的锻炼思维能力的方法，能够帮助学生培养自己的思维方式，提高自己的综合能力。通过翻译练习，学生可以锻炼逻辑思维能力，使自己能够更好地理清思路，分析问题。英语翻译的练习能够很好地帮助学生在英语学习中提高自己的综合素养，使自己更加全面地发展。

通过参与英语翻译，学生不仅能提高语言水平，锻炼思维能力，还可以训练逻辑思维。翻译练习可以帮助学生在理解和表达英语时更准确地表达自己的想法，从而提升语言表达能力。在翻译过程中，学生需要不断思考如何将英语文本准确地转化为自己的语言,这会促使他们加强逻辑思维能力。通过分析原文内容和结构,学生可以培养出更加清晰和有条理的思维方式,帮助他们更好地解决问题和处理复杂的情况。除此之外,翻译练习还能激发学生的学习兴趣,让他们能够更深入地了解英语文化和语言背后的含义。通过不断地进行翻译练习,学生会逐渐形成独立思考和分析问题的能力,从而提高综合素养,使自己在英语学习中更加全面地发展。因此,英语翻译的练习对学生的英语学习有很大的促进作用,不仅在语言水平的提升上有所帮助,还在锻炼思维能力和训练逻辑思维方面起到关键作用。

英语翻译在大学英语教学中扮演着重要的角色,能够有效地促进学生的语言水平提高。通过翻译的学习,学生不仅可以提升自己的语言表达能力,还能够增强他们的思维能力。同时,通过英语翻译的学习,学生还可以更好地了解不同文化背景下的语言沟通方式,从而提高自己的跨文化交流能力。英语翻译不仅是一种语言学习的工具,更是一种促进学生综合素质提升的重要途径。

提高跨文化交流能力是当今社会中一个非常重要的能力。跨文化交流能力不仅可以帮助个人更好地融入多元文化的环境,也可以促进不同文化之间的理解和友谊。在大学英语教学中,英语翻译的学习可以为学生提供一个很好的机会来锻炼自己的跨文化交流能力。通过翻译不同语言之间的文字,学生可以更深入地了解不同文化背景下人们的思维方式和表达习惯,从而在日后的交流中更加敏锐地捕捉到意义背后的文化差异。通过翻译的学习,学生还可以培养自己的观察力和沟通能力,使自己能够更加灵活地应对不同语言环境下的交流挑战。在这个全球化的时代,跨文化交流能力已经变得至关重要,而英语翻译的学习正是帮助学生们更好地适应和应对这一挑战的重要途径。学生们在学习英语翻译的过程中,不仅可以提高自己的语言水平和翻译能力,还能够培养自己的文化意识和跨文化交流技巧,为他们未来的职业发展和人际交往打下坚实的基础。因此,英语翻译不仅是一种学习工具,更是一个促进学生综合素质提升的重要途径。

学生在进行英语翻译时,可以从中不仅仅提高语言水平,更可以锻炼自己的思维能力。通过翻译的过程,学生需要不断分析、理解和运用语言知识,从而加深自己对英语的了解。而在这个过程中,他们也会逐渐培养出创新意识,学会用不同的方式表达和思考问题,从而拓展自己的思维边界。通过英语翻译,学生不仅仅是在学习语言,更是在培养自己的创新能力,为将来的学习和工作打下坚实的基础。

在进行英语翻译的过程中,学生需要不断地思考、分析和领悟语言背后的含义,从而提高自己的语言能力。通过翻译的训练,他们不仅能够巩固所学的语言知识,还可以锻炼自己的逻辑思维和判断能力。这种思维的训练过程可以激发学生的创新意识,让他们学会在面对问题时灵活运用各种方法和思路,从而找到最合适的解决方案。

在英语翻译的实践中,学生会遇到各种各样的语言难题,需要不断地寻找方法和技巧来应对。这个过程促使他们不断地思考和探索，培养了他们的创造力和创新意识。通过不断地尝试和实践，学生会逐渐习得用不同的方式和角度去思考和表达问题，拓展了自己的思维边界。

在面对英语翻译的挑战时，学生也会学会面对困难时坚持不懈，找到解决问题的办法。这种坚持和努力的品质，将会在学生日后的学习和工作中发挥重要作用。经过英语翻译的训练，学生不仅仅是在提高自己的语言能力，更是在培养自己的创新能力，为将来的学习和工作奠定了坚实的基础。通过这个过程，学生不仅仅是学会了一门语言，更是培养了一种扎实的思维能力和创新潜力。

第二节　拓展知识面

一、了解不同文化

在大学英语翻译与英语教学研究中，英语翻译对学生英语学习的促进作用是不可忽视的。通过翻译，学生可以提高自己的语言水平，锻炼思维能力，并拓展自己的知识面。同时，通过翻译，学生可以了解不同的文化，学习地道表达的意思。通过这种方式，学生可以更好地理解文本的含义，提高自己的学习效率，同时也可以增进自己的文化素养。因此，英语翻译在大学英语学习中发挥着重要的作用，对学生的成长和发展起着积极的促进作用。

通过翻译，学生可以更深入地了解不同文化背景下的表达方式，从而拓宽自己的视野，增加对世界的认识。英语翻译还可以帮助学生提高自己的写作能力，培养逻辑思维和批判性思维，从而更好理解和分析文本内容。在翻译过程中，学生需要不断思考如何准确传达原文的含义，这种思考和分析的过程可以培养学生的语言思维能力，提高他们的综合素质。

在进行翻译的过程中，学生还会接触到各种各样的语言现象和语言规律，这有助于他们更系统地学习语言知识，提高自己的语言运用能力。通过翻译练习，学生可以逐渐提高自己的语感和语言表达能力，不仅可以在学术领域得心应手，也可以在日常生活中更准确地表达自己的观点和想法。

总的来说，英语翻译作为一种重要的学习方法和工具，对学生的语言学习、思维能力、写作能力以及文化素养都具有重要的促进作用。通过不断地翻译实践，学生可以不断提升自己的综合素质，更好地适应当今多元、多样的社会环境，为未来的发展打下坚实的基础。因此，我们应该重视英语翻译在大学英语学习中的作用，让学生通过翻译这

第二章　英语翻译对学生英语学习的促进作用

一方式真正实现自己的学习目标和提升自我价值。

在大学英语学习中，英语翻译作为一种重要的学习方法和工具，可以帮助学生提高语言水平，锻炼思维能力，拓展知识面，让他们了解不同文化。通过翻译，学生可以更深入地了解当地习俗，这有助于他们更好地融入当地环境，增进对不同文化的理解和尊重。了解当地习俗可以使学生更好地融入当地社会，促进跨文化交流和交流。

研究表明，通过英语翻译这一学习方法，学生可以更全面地了解当地习俗，这不仅有助于他们更好地融入当地环境，还可以促进跨文化交流和交流。了解当地习俗还可以增进学生对不同文化的理解和尊重，使他们拥有更广阔的文化视野。在大学英语学习中，通过翻译的方式，学生可以更深入地了解其他国家的文化传统，习俗和价值观念，从而增强他们的国际视野和跨文化沟通能力。通过翻译，学生可以更好地了解当地人的行为习惯、社会规范和价值取向，这有助于他们更好地融入当地社会，建立深厚的人际关系。同时，了解当地习俗还可以为学生提供更多的社会交往机会，促使他们融入当地社会，拓展人际网络。总的来说，英语翻译作为一种重要的学习方法和工具，不仅可以帮助学生提高语言水平，锻炼思维能力，拓展知识面，还可以让他们更加了解和尊重不同文化，促进跨文化交流与合作。

研究表明，英语翻译在大学英语教学中扮演着重要的角色。通过英语翻译的学习，学生不仅可以提高自己的语言水平，更可以锻炼自己的思维能力。同时，英语翻译也能够帮助学生拓展自己的知识面，了解不同的文化。通过研究英语翻译，学生可以更深入地探索文化差异，从而提升自己的跨文化交流能力。在今天日益全球化的背景下，掌握英语翻译技能对于大学生来说至关重要。通过学习英语翻译，学生可以打开一扇窗户，让自己走出国门，走向世界。

翻译在大学英语教学中的重要性是不言而喻的，通过翻译学习，学生可以不仅提高语言水平，更可以锻炼思维能力，拓展知识面，了解不同文化。在这个过程中，学生可以更深入地探索文化差异，从而提升跨文化交流能力。随着全球化的不断深入，掌握翻译技能对于大学生来说至关重要。通过学习翻译，学生不仅可以打开一扇窗户，走向世界，更可以增强自己的国际视野，提升竞争力。在逐渐同世界接轨的今天，掌握翻译技能不仅可以帮助学生更好地融入国际社会，更可以促进文化交流，建立友谊。因此，学生应该珍惜学习翻译的机会，不断努力提升自己的翻译能力，为未来的发展打下坚实的基础。愿每一位学生通过翻译的学习，都能成为具有国际视野和跨文化交流能力的优秀人才。

二、认识世界

　　翻译能力的提高对学生的英语学习起到了积极的促进作用。通过翻译，学生不仅能提高语言水平，还可以锻炼思维能力，拓展知识面，认识世界，了解国际时事。在这个全球化的时代，掌握英语翻译技能可以帮助学生更好地融入国际社会，了解不同文化背景下的世界观，开拓视野，提升综合素养。通过翻译，学生可以更深入地了解英语国家的政治、经济、文化等方面，对国际时事有更清晰的认识和理解。因此，加强英语翻译教学，对学生的英语学习具有重要的意义，可以帮助他们更全面地提升自己的综合素质。

　　在当今全球化的时代，了解国际时事对于学生来说至关重要。通过翻译，他们能够更深入地了解各国政治、经济、文化等方面的信息，从而拓宽视野，增加对世界的认识与理解。掌握英语翻译技能可以帮助学生更好地融入国际社会，与世界各地的人沟通交流，进一步拓展自己的交际圈。通过翻译国际时事新闻，学生还能加深自己对不同文化背景下世界观的了解，培养跨文化交流的能力，并促进文化交流与融合。通过翻译国际时事，学生可以更好地认识到世界上存在的各种挑战与机遇，激发他们积极应对全球挑战的意识与勇气。加强英语翻译教学，不仅有助于学生的英语学习，更能使他们更具备走向国际舞台的能力与信心，从而更好地适应未来的社会发展需求。在这个信息爆炸的时代，加强对国际时事的了解，对于培养学生的判断力、综合素质和竞争力有着非常重要的作用。因此，国际时事翻译不仅是一种学习方式，更是一种提升自身综合素质的重要途径。

　　在大学英语翻译与英语教学研究中，学习国外学术成果的意义不可忽视。通过英语翻译，学生可以提高自己的语言水平，锻炼思维能力，拓展自己的知识面，更好地认识世界。学习国外学术成果，不仅可以帮助学生掌握先进的学术理论和方法，还可以激发他们学习兴趣，促使他们在学术研究中取得更好的成绩。通过学习国外学术成果，学生可以了解国外学者的研究成果和学术观点，拓宽自己的学术视野，提高自己的学术水平。在全球化的今天，学习国外学术成果已经成为大学英语翻译与英语教学中不可或缺的一部分，对学生的学术成长和个人发展具有重要意义。

　　学习国外学术成果，是大学英语翻译与英语教学中的一个重要环节。在这个过程中，学生不仅可以借鉴国外学者的研究成果和学术观点，还可以学习到他们的学术方法和思维方式。这种跨文化的学习方式有助于学生更好地理解和欣赏不同学术背景下的思考方式，从而提高他们的创新能力和研究能力。

　　通过学习国外学术成果，学生还能够接触到最前沿的学术理论和方法，从而不断提升自己的学术水平。他们可以从国外学者的研究成果中汲取灵感，拓宽自己的学术视野，不断挑战自己的学术极限。同时，学习国外学术成果也可以帮助学生建立起更广泛的学

第二章　英语翻译对学生英语学习的促进作用

术网络，与国外学者展开学术交流与合作，进一步提升自己在学术领域的声誉和地位。

学习国外学术成果还有助于学生更好地认识世界，拓展自己的知识面。通过阅读国外学者的研究成果，他们可以了解国外学术界的最新动态，掌握国际学术界的脉动。这种跨文化的学习方式不仅可以拓宽学生的视野，还可以培养他们的国际化意识和跨文化交流能力，使他们在未来的学术研究和职业发展中更具竞争力。

学习国外学术成果对于大学英语翻译与英语教学来说具有重要意义。通过这一过程，学生可以不断提升自己的语言能力、学术水平和跨文化交流能力，为他们的学术成长和个人发展奠定坚实基础。只有不断开拓视野、吸取外部知识才能更好地适应时代发展的要求，实现个人价值的最大化。

通过大学英语翻译与英语教学的研究，学生可以更好地提高英语水平，锻炼思维能力，拓展知识面，认识世界，以及深入了解国际社会的意义。英语翻译作为一种学习工具，能够帮助学生在语言技能和知识面上取得更大的进步。同时，通过翻译的过程，学生能够培养自己的逻辑思维能力，提高解决问题的能力。通过英语翻译，学生能够更好地了解世界各国的文化和社会形态，从而拓展自己的知识面，增强自己的国际视野，为成为全球化时代的优秀人才奠定了坚实的基础。因此，大学英语翻译与英语教学的研究对学生的全面发展起着重要的促进作用。

深入了解国际社会，是每个学生在大学英语翻译与英语教学中应当重视的一个环节。通过这一过程，学生不仅可以提高英语水平，更可以拓展知识面，认识世界的多样性。在翻译的过程中，学生需要不断练习思维能力，培养逻辑思维和解决问题的能力。通过翻译来理解和传达不同国家的文化和社会形态，这有助于学生增强国际视野，拓展自己的知识领域。在全球化时代，这样的学习将为学生成为优秀人才提供坚实的基础。

在探索和了解国际社会的过程中，学生还将有机会了解世界各地的社会问题和挑战，培养跨文化交流和合作的能力。对于日后求职或从事国际事务工作的学生而言，这样的能力将显得尤为重要。在大学英语翻译与英语教学领域中，培养学生对国际社会的深刻了解，将有助于他们在未来的职业生涯中更好地适应全球化的环境。

因此，大学英语翻译与英语教学领域的研究，并不仅仅是学生提高英语水平的过程，更是一个帮助他们深入了解国际社会的重要途径。通过这样的学习，学生将成为具有国际视野和跨文化能力的优秀人才，为未来的职业发展打下坚实的基础。

当涉及国际交往时，掌握良好的英语翻译能力至关重要。通过英语翻译，我们可以更好地沟通交流，促进国际合作。除此之外，英语翻译也是一种能力的展示，能够让外国人更好地了解我们的思想和文化。通过翻译，我们可以加深对不同文化背景的理解，从而更好地融入国际社会，提高我们的国际竞争力。在日益全球化的时代，掌握国际交往技巧成为必不可少的能力，而英语翻译作为国际交流中的重要环节，不容忽视。

在当今日益全球化的环境中,具备良好的国际交往能力是非常重要的。而掌握良好的英语翻译技能则是实现这一目标的关键。英语翻译不仅可以促进国际间的沟通交流,促进合作,还可以帮助我们更好地展示自己的思想和文化。通过翻译工作,我们可以拓宽自己的国际视野,加深对不同文化背景的理解,更好地适应和融入国际社会。

除了提高个人的国际竞争力,良好的英语翻译技能还有助于推动国家和民族的发展。在国际合作中,翻译是一个桥梁,它可以促进不同国家之间的合作与交流,推动世界和平与发展。没有良好的翻译能力,许多重要的国际事务将无法有效地展开,各国之间的误解和隔阂也将难以消除。

因此,学习和提高英语翻译技能是非常必要的。我们不仅需要掌握英语语言的基本知识,还需要了解不同文化背景下的表达方式和习惯。只有这样,我们才能真正做到在国际交往中游刃有余,为促进世界的和平与繁荣贡献自己的力量。愿我们都能成为具有国际视野和国际胸怀的人才,让世界因我们的存在而变得更加美好。

英语翻译对学生英语学习的促进作用体现在许多方面,其中一个重要的方面就是拓展国际视野。通过翻译学习,学生可以更好地了解国外文化和社会,拓展自己的国际视野。这种拓展不仅有助于学生更好地理解外国人的思维方式和生活习惯,还有助于学生更好地融入国际社会,提升自己在国际舞台上的竞争力和适应能力。因此,英语翻译对学生的英语学习具有非常重要的意义。

英语翻译对学生英语学习的促进作用还体现在促进跨文化交流方面。学生通过翻译学习可以更好地与来自不同文化背景的人沟通交流,增进相互理解和友谊。在这个全球化的时代,跨文化交流已经成为一种必备的能力,而英语翻译的学习可以帮助学生打破语言障碍,促进跨文化间的交流互动。

英语翻译对学生的英语学习还有助于培养学生的语言表达能力和思维能力。通过不断地翻译练习,学生可以提高自己的语言表达能力,找到准确、流畅的表达方式。同时,翻译也需要学生不断地思考、分析,锻炼了他们的思维能力和逻辑思维能力,使他们在解决问题、应对挑战时更加得心应手。

除此之外,英语翻译还可以帮助学生更好地掌握英语语言的细节和语言规范。通过翻译练习,学生可以更加深入地了解英语语言的语法、词汇用法等方面的知识,提高自己的语言水平。这对于学生的英语学习有着积极的促进作用,使他们在学习、工作和生活中更加得心应手。

总的来说,英语翻译对学生的英语学习具有多方面的促进作用,不仅可以拓展学生的国际视野,促进跨文化交流,还可以培养学生的语言表达能力、思维能力以及对英语语言的深入理解。因此,英语翻译的学习对于学生的成长和发展具有重要的意义,值得学生认真学习和掌握。

三、提升综合素质

通过大学英语翻译与英语教学的研究，可以有效地提高学生的语言水平。同时，这种学习方法也能够锻炼学生的思维能力，帮助他们更好地理解和运用语言知识。通过英语翻译的学习，学生还能够拓展自己的知识面，提升自己的综合素质。通过培养跨学科能力，学生可以更好地适应未来社会的发展需求，为自己的未来发展打下坚实的基础。

通过英语翻译与英语教学的研究，学生们可以更深入地了解英语语言的背后文化和历史，从而提高他们的文化修养和语言素养。这种跨学科的学习方法也有助于培养学生的批判性思维能力和创造性思维能力，让他们在面对问题时能够做出更具深度和广度的思考。

通过英语翻译的学习，学生们还能够更好地了解国际间的交流与合作，从而加深他们对世界的认识和理解。他们可以通过翻译各种类型的文本，不仅提高自己的翻译水平，还可以开阔自己的视野，拓展自己的知识面。

通过跨学科能力的培养，学生们可以更好地适应未来社会的发展需求，因为这种能力不仅仅局限于某一个领域，而是能够在不同领域间灵活运用。这样的综合素质和跨学科能力，将会为学生们未来的发展奠定坚实的基础，让他们在各种挑战和机遇面前都能游刃有余、应对自如。通过这样的学习方式，学生们将不仅仅成为语言专家，还会是具备广泛知识和过硬能力的综合型人才。

英语翻译作为一种重要的学习工具，对于学生的英语学习起着积极作用。通过翻译，学生可以提高自己的语言水平，增强自信心。翻译不仅仅是简单的语言转换，更是对语言、文化、历史等方面的理解和探究。通过翻译，学生可以锻炼自己的思维能力，提升自己的综合素质。翻译还可以帮助学生拓展知识面，了解更多的文化背景和国际视野。通过翻译，学生可以感受到不同语言和文化之间的联系，增进人文关怀，促使他们更加关心和尊重不同的文化，促进文化交流和交流。英语翻译对学生英语学习的促进作用不可忽视，它不仅仅是一种工具，更是一种促进学生全面发展的重要手段。

翻译作为一种学习工具，对学生的英语学习具有积极的促进作用。通过翻译，学生不仅可以提高语言水平，增强自信心，还可以锻炼思维能力，提升综合素质。翻译还可以帮助学生拓展知识面，增加对不同文化背景和国际视野的了解。通过不同语言的翻译，学生可以感受到文化之间的联系，从而增进人文关怀，促使他们更加关心和尊重不同的文化，促进文化交流。在这个多元化的时代，掌握翻译技能对于学生成长和发展至关重要。通过翻译，学生不仅能够更好地理解世界，也能够更好地融入这个多元文化的社会。翻译不仅仅是一种工具，更是一种促进学生全面发展的重要手段。

在今天全球化的社会背景下，学习英语已经成为人们提升综合素质和拓展知识面的必然选择。而英语翻译作为学习英语的一种重要方式，不仅能够提高语言水平，锻炼思维能力，还能够强化跨文化意识。通过英语翻译的学习，学生可以更好地理解和学习外文原著，开阔自己的视野，增强对不同文化的理解和包容，从而提升自身的跨文化意识水平。通过翻译的实践，学生可以在跨文化交流中更加自信、灵活地运用英语，为自己的综合素质提升打下坚实的基础。

在今天全球化的社会背景下，学习英语已经成为人们提升综合素质和拓展知识面的必然选择。而英语翻译作为学习英语的一种重要方式，不仅能够提高语言水平，锻炼思维能力，还能够强化跨文化意识。

通过英语翻译的学习，学生可以更好地探索不同文化之间的联系和差异，找到彼此间的共同点和互补之处。在翻译的过程中，学生需要深入挖掘原文背后的文化内涵，理解其中所蕴含的价值观念和历史背景，从而扩大自己的文化视野。

除了提高对外文原著的理解能力，英语翻译还可以加深学生对不同文化间语言表达方式的认识。通过不断的实践，学生可以逐渐掌握并运用各种翻译技巧和策略，使自己的表达更为准确、自然，更加贴近原文的语境和含义。这种能力的提升不仅有助于学生在跨文化交流中更加流畅地表达自己的想法，还能够促进不同文化间的沟通和理解。

通过英语翻译的实践，学生还可以培养自己的批判性思维和创造力。在翻译的过程中，他们需要不断思考和权衡词语、句式的选择，以求达到最佳的表达效果。这种思维训练不仅有益于学生的语言能力，还可以提升他们在解决问题和应对挑战时的灵活性和创新性。

因此，可以说通过英语翻译的学习，学生不仅可以提高自己的语言水平和翻译技能，还可以在跨文化交流中更加自信、灵活地运用英语，为自己的综合素质提升打下坚实的基础。这种跨文化意识的强化将使他们在未来的学习和工作中更具竞争力，也将有助于促进不同文化之间的相互理解和友好交流。

英语翻译在大学英语教学中具有重要作用。通过翻译，学生可以提高自己的语言水平，锻炼思维能力，拓展知识面，提升综合素质，培养国际视野。在学习英语翻译的过程中，学生不仅可以掌握英语语言的基本知识，还可以加深对不同文化背景的了解，提高自己的跨文化交流能力。通过翻译的训练，学生可以更好地理解英文原文的意思，培养自己的语言表达能力，提升自己的写作水平。英语翻译还可以帮助学生扩大自己的知识面，了解更多的信息和文化内涵，从而提升自己的综合素质。通过翻译的练习，学生可以培养自己的国际视野，更好地适应全球化的发展趋势，为今后的国际交流和合作奠定良好的基础。因此，英语翻译在大学英语教学中具有不可替代的作用，对学生的发展起着重要的推动作用。

通过翻译，学生可以打开通往世界的大门，了解不同文化的风俗习惯和历史背景，拓展自己的视野，增强自己的交流能力。在这个全球化的时代，具备国际视野是非常重要的，只有通过不断地学习和积累，才能更好地适应和融入国际社会的发展趋势。英语翻译不仅是一种语言技能，更是一种全面提升自己综合素质的机会。通过翻译的练习，学生可以培养自己的思维能力和独立思考能力，提高自己的自信心和沟通能力，为未来的职业发展打下坚实的基础。只有不断地挑战自己，不断地学习和提升自己，才能在竞争激烈的社会中脱颖而出，实现自己的梦想和目标。因此，英语翻译作为一种重要的能力，应该被重视和培养，让学生在不同领域都能够发挥自己的才华，实现自己的人生价值。

提高全球竞争力：英语作为一种全球通用语言，在今天的社会中具有重要的地位。而学生通过英语翻译的学习，不仅可以提高自身的语言水平，还能够锻炼思维能力，拓展知识面，提升综合素质。这些方面综合起来，都将帮助学生提高全球竞争力，为未来的发展打下坚实的基础。因此，大学英语翻译与英语教学研究，对于学生的成长和未来职业发展具有重要的意义。

提高全球竞争力是每个学生都应该重视的目标。英语不仅仅是一门语言，更是连接世界的桥梁。通过学习英语翻译，我们可以更好地理解不同文化背景下的思维方式和传播方式，从而更加广泛地吸纳知识。这种跨文化的交流能力，将使我们在未来的职场中更具竞争优势。同时，英语翻译的技能也培养了我们的逻辑思维和文字表达能力，为我们日后的学习和工作打下坚实基础。

除此之外，学习英语翻译还有助于提升我们的综合素质。在翻译过程中，我们需要不断思考，分析和理解，这种思维训练有助于提高我们的综合能力，使我们能够更好地解决问题和应对挑战。同时，翻译工作也需要我们具备团队合作的能力，培养我们的沟通技巧和合作精神，这些都是在竞争激烈的现今社会中不可或缺的素质。

总的来说，英语翻译作为一种学习工具和交流方式，不仅仅是提高语言能力的途径，更是提升综合素质和全球竞争力的有效手段。通过不懈地努力学习英语翻译，我们将为自己的未来职业发展奠定坚实的基础，同时也将更好地融入全球化的潮流中，展现自己的多面魅力。愿我们在英语翻译的征途上不断前行，努力成为具有国际视野和竞争力的新时代人才。

四、增强学习兴趣

英语翻译作为一种重要的学习方式，对提高学生的语言水平有着积极的促进作用。通过翻译练习，学生可以不断巩固所学的语言知识，加深对语言规则的理解。同时，翻译也是一种思维锻炼的过程，可以激发学生的逻辑思维能力和分析能力。通过翻译，学生在熟悉语言表达的同时，还能学习到不同文化背景下的表达方式，拓展自己的知识面。翻译也可以让学生增加对英语学习的兴趣，激发学习的动力。通过丰富的学习方式，学生可以更加全面地学习英语，提升自己的语言水平。

丰富的学习方式对于提高学生的语言水平具有重要意义。除了英语翻译外，学生还可以通过参加英语演讲比赛、阅读英语文学作品、观看英语电影等多种形式来拓展语言能力。参加英语演讲比赛可以锻炼学生的口语表达能力和自信心，阅读英语文学作品可以帮助学生提高阅读理解能力和丰富词汇量，观看英语电影则有助于学生提高听力水平和加深对英语文化的理解。

学生还可以通过和外教进行交流、参加语言交换活动、使用在线学习工具等方式来丰富学习方式。与外教交流可以让学生接触到地道的英语表达方式和语音语调，参加语言交换活动可以帮助学生提高对话能力和了解不同国家的文化习俗，使用在线学习工具则可以帮助学生进行随时随地的学习，提高学习的便利性和灵活性。

通过丰富多样的学习方式，学生可以更全面地提升自己的语言水平。不同的学习方式相辅相成，互相促进，可以让学生在语言学习中不断进步，拥有更加流利自如的英语表达能力，同时也能更深入地了解和体验英语国家的文化风情。通过持之以恒地学习，学生必将在英语学习的道路上越走越宽，越走越远。

英语翻译对学生的英语学习具有重要的促进作用，不仅可以帮助学生提高语言水平，同时也可以锻炼他们的思维能力。通过翻译，学生可以拓展自己的知识面，增强学习兴趣，进而开拓学习领域，从而达到全面提升的效果。在学习过程中，适当的英语翻译练习不仅可以加深对学习内容的理解，还可以提升学生的语言表达能力和沟通能力，为他们未来的学习和工作打下坚实的基础。英语翻译作为一种重要的语言技能，对学生的综合能力提升具有积极的影响。

拓展学习领域不仅仅是在学术领域中有所体现，同时也能带来更广泛的影响。通过英语翻译，学生可以接触到更多不同领域的知识，了解不同文化背景下的思维方式和观点，从而拓展自己的认知边界。这种跨文化的交流与比较，有助于培养学生的国际化视野，增强他们的跨文化沟通能力。

同时，在拓展学习领域的过程中，学生还可以从中获得启发和灵感，激发自己更多的学习动力。英语翻译不仅是一种语言技能，更是一种思维方式和学习态度的体现。通过不断练习和探索，学生可以提高自己的独立思考能力和解决问题的能力，为将来的学习和工作积累宝贵经验。

拓展学习领域还有助于培养学生的创新能力和实践能力。在跨领域学习的过程中，学生需要不断思考、分析和整合各种信息和知识，从而培养出批判性思维和创造性思维。这种能力的培养将有助于学生在未来的学术研究和实际工作中更加得心应手。

总的来说，拓展学习领域通过英语翻译这一方式，不仅可以提高学生的语言水平，还可以锻炼他们的思维能力和综合素质，为他们的未来发展打下坚实的基础。学生应该积极参与到这种跨文化学习中去，不断拓展自己的知识边界，开拓自己的学习领域，实现自己的全面发展。

通过英语翻译的学习，学生可以提高自己的语言水平，不仅仅是在英语方面，同时也可以锻炼自己的思维能力。通过不断翻译，学生能够拓展自己的知识面，增强学习兴趣，从而提升学习动力。

通过英语翻译的学习，学生可以在不断的翻译中培养自己的逻辑思维能力，提高对语言的把握能力。随着翻译的深入，学生能够接触到更广泛的知识领域，从而丰富自己的见识，提升自己的学习动力。在翻译过程中，不仅仅是对语言结构和词汇的把握，更重要的是培养了学生的耐心和细致性，这些品质对学生的学习和生活都有着积极的影响。

除此之外，通过翻译学习，学生还能够提高自己的沟通能力和表达能力。在翻译的过程中，学生需要准确地理解原文的含义，并将其用简洁准确的语言表达出来，这对学生的语言表达能力提出了更高的要求。同时，通过翻译学习，学生会不断积累词汇量，提高自己的语言水平，从而更好地进行交流和表达。

通过翻译学习，学生还能够激发自己对学习的兴趣。翻译不仅仅是一种学习方法，更是一种学习态度。通过翻译，学生能够深入地了解文字背后的文化和思想，激发自己对知识的渴望和追求。在学习的过程中，学生会逐渐发现学习的乐趣，激发内在的学习动力，从而更加积极地投入到学习中去。

总的来说，通过翻译的学习，学生不仅可以提高自己的语言水平和思维能力，还能够培养自己的逻辑思维能力、沟通能力和表达能力，激发学习的兴趣，从而提升学习动力，为自己的学习和成长注入新的动力和活力。

五、改善学习效果

英语翻译在大学英语教学中具有重要作用。通过翻译，学生可以不断提高语言水平，锻炼思维能力，并拓展知识面，从而改善学习效果，提高学习效率。在学习过程中，英语翻译可以帮助学生扩大词汇量，提高语法和语音能力。同时，翻译也是一种思维活动，可以锻炼学生的逻辑思维能力和分析能力。通过翻译，学生可以接触到更广泛的知识领域，拓展自己的知识面，并能够更好地理解和运用所学知识。因此，可以说，英语翻译在英语学习中具有促进作用，能够帮助学生更有效地提高学习效率。

在大学英语教学中，英语翻译的作用不仅仅是提高学习效率，还可以培养学生的跨文化交际能力。通过翻译，学生可以了解不同国家的文化和习俗，从而更好地理解和沟通。翻译也可以促进学生对英语国家历史、政治、经济等多方面的了解，帮助他们更全面地认识世界。在翻译的过程中，学生需要不断查阅资料，钻研细节，这种细致的工作方式可以培养他们的细致耐心和扎实学习习惯。同时，翻译还可以促进学生的创造力和想象力，激发他们对于文学作品、艺术作品的兴趣，使他们更具审美能力和创造力。通过翻译的训练，学生可以提高自己的沟通表达能力，形成良好的思维习惯和逻辑推理能力，为将来的学习和工作打下扎实的基础。因此，英语翻译在英语学习中具有至关重要的作用，不仅可以提高学习效率，还可以促进学生全面发展。

英语翻译对学生英语学习的促进作用，体现在提高语言水平、锻炼思维能力、拓展知识面、改善学习效果以及增强记忆力等方面。在学习过程中，通过翻译英语内容，学生能够更加深入地理解英语语言结构和语法规则，从而提高自己的语言水平。同时，翻译也是一种思维活动，让学生在不断比对、理解、转化语言的过程中，锻炼了自己的逻辑思维能力。通过翻译，学生接触到更多不同领域的知识，拓展了自己的知识面，丰富了学习的内容，提升了学习的效果。翻译还能够帮助学生巩固所学知识，增强记忆力，使之更加深刻地记住英语表达方式和用法。因此，英语翻译在学生的英语学习过程中扮演着重要的促进作用。

在学习过程中，通过翻译英语内容，学生不仅能够更加深入地理解英语语言结构和语法规则，还可以提高自己的语言水平。翻译不仅仅是简单的替换文字，更是一种思维活动，能够锻炼学生的逻辑思维能力。透过翻译，学生可以接触到更多不同领域的知识，拓展自己的知识面，丰富学习内容，提升学习效果。翻译还有助于巩固所学知识，增强记忆力，使他们更加深刻地记住英语表达方式和用法。因此，英语翻译对学生的英语学习起到了至关重要的促进作用。

在实践中，通过翻译也可以让学生更好地理解英语中的文化内涵和习惯用语，帮助他们更好地融入到英语环境中。同时，翻译还可以促进学生对英语语言的运用能力，让他们更加自如地表达自己的想法和观点。通过翻译，学生可以培养自己的跨文化交际能力，拓展视野，促进国际交流。总的来说，英语翻译不仅仅是一种学习工具，更是一种能够提高学生综合素质的重要方法之一。在未来的学习中，希望学生们能够充分利用翻译这一工具，不断提升自己的英语水平，拓展自己的知识面，增强记忆力，实现更好的学习效果。

第三节　培养综合能力

一、发展综合技能

英语翻译对学生英语学习的促进作用包括提高语言水平、锻炼思维能力、拓展知识面、改善学习效果、培养综合能力、发展综合技能和提升阅读能力。通过英语翻译的学习，学生可以更好地理解和掌握英语语言，提升自己的语言水平。在翻译过程中，学生需要动脑思考，不仅要理解原文内容，还要转换成另一种语言，这有助于锻炼他们的思维能力。同时，翻译练习也可以帮助学生接触更多的英语原文，从而拓展自己的知识面，进一步改善学习效果。在翻译过程中，学生需要综合运用语言知识和技能，培养自己的综合能力和综合技能。通过不断练习翻译，学生可以提升自己的阅读能力，更好地理解和把握英语文本。因此，英语翻译对学生英语学习起着积极的促进作用。

英语翻译对学生英语学习的促进作用还体现在提升学生的表达能力和沟通能力上。通过翻译不同类型的英语文本，学生可以丰富自己的词汇量，掌握更多的表达方式和句型结构。在翻译过程中，他们需要注意语言的准确性和表达的流畅性，这有助于提高他们的表达能力。同时，通过翻译不同领域的英语文本，学生也可以了解到各种专业术语和行业背景知识，从而提升自己在特定领域的沟通能力。

英语翻译还能促进学生的跨文化交流能力。在进行翻译的过程中，学生需要深入了解不同文化背景下的语言表达和习惯，理解不同文化间的差异和共同点。这样的练习可以帮助学生更好地融入跨文化环境，增强他们的跨文化交流能力和意识。

总的来说，英语翻译作为一种重要的学习方法，不仅可以帮助学生提升语言水平和阅读能力，还能锻炼他们的思维能力、拓展知识面、改善学习效果、培养综合能力、发展综合技能、提高表达能力、加强沟通能力，以及促进跨文化交流能力。通过持续的翻译实践，学生可以全面提升自己的英语学习水平，更好地应对未来的学习和工作挑战。

英语翻译在学生的英语学习过程中起着重要的促进作用。通过翻译，学生能够提高语言水平，锻炼思维能力，拓展知识面，改善学习效果，培养综合能力，发展综合技能。其中，翻译可以帮助学生更好地理解和运用英语，进而提高他们的语言水平。同时，翻译也是一种训练思维能力的有效方法，通过不同语言之间的转换和比较，学生需要动脑思考，提高自己的逻辑推理能力和创新能力。翻译还可以帮助学生接触和了解更广泛的知识领域，为他们的学习生涯增添丰富的内容。在学习过程中，翻译可以让学生更深入地理解英语知识，更有效地消化吸收，从而提高学习效果。通过翻译，学生将不仅仅是单纯地背诵和应用知识，还需要理解和运用，培养自己的思辨能力和批判性思维。综合能力是现代社会所需要的重要素质之一,而翻译正是一个很好的培养综合能力的方法。通过翻译,学生需要运用语言、逻辑、文化等方面的知识和能力,从而全面提升综合素质。综合技能的培养也是翻译所带来的好处之一,学生在翻译过程中需要动用各种技能,如听、说、读、写等,从而提高自己的综合技能水平。翻译也可以帮助学生增强写作能力,通过翻译练习,学生可以提高自己的语言表达能力,丰富自己的词汇量,从而在写作方面取得更好的成绩。总的来说,英语翻译对学生的英语学习具有重要的促进作用,有助于学生在语言能力、思维能力、知识面扩展、学习效果、综合能力、综合技能和写作能力等方面实现全面提升。

翻译作为提升综合能力的方法,对学生的写作能力也具有显著的促进作用。通过翻译练习,学生可以逐渐提高自己的语言表达能力,掌握更加丰富和准确的词汇,让自己在写作时更加得心应手。翻译还可以帮助学生培养批判性思维,通过对原文内容的理解和再创造,学生需要对所学知识进行深入思考和分析,从而让他们在写作时更有逻辑性和说服力。

在翻译过程中,学生还需要注重细节和准确性,这些品质在写作中同样至关重要。通过不断地进行翻译练习,学生可以提高自己的文字驾驭能力和语言表达能力,让他们的文章更具有条理和清晰度。同时,翻译也能够帮助学生更好地理解和掌握外语语言的语法和语义,从而让他们的写作更加规范和准确。

总的来说,翻译作为提升综合能力的方法,对学生的写作能力有着显著的促进作用。通过翻译练习,学生可以在语言表达、逻辑思维、知识储备和综合能力等方面得到全面的提升,从而让他们在写作时能够更加得心应手,表达更加清晰和有力。因此,英语翻译不仅在英语学习中起到了至关重要的作用,同时也对学生成为一名优秀的写手具有着不可或缺的意义。

二、培养创新意识

在大学英语教学中,英语翻译所扮演的重要角色不言而喻。通过对英语文本的翻译,学生不仅可以有效提高自己的语言水平,还能够在思维能力、知识面以及学习效果等方面得到全面的提升。英语翻译还能够培养学生的综合能力,激发他们的创新意识,以及拓展他们的想象力,使他们在学习英语的过程中更加全面而充实。因此,英语翻译对学生英语学习的促进作用是不可忽视的。

在大学英语教学中,培养学生的想象力是至关重要的。想象力是一个人创造、创新和思考的关键。通过英语翻译的练习,学生可以逐渐拓展自己的思维空间,激发他们内心深处的创造力。在翻译的过程中,学生需要运用自己的想象力,去理解原文的含义并恰当地表达出来。这种锻炼不仅可以提高他们的语言能力,也能够让他们更加敏锐地捕捉到语言背后的文化和思想。通过不断地练习和挑战，学生的想象力将得到更深层次的培养和发展。

在当今社会，创新能力是非常重要的竞争力之一。通过英语翻译的训练，学生可以不断地面对新的挑战和难题，促使他们勇于尝试新的观点和想法。在翻译过程中，学生需要灵活运用语言，寻找最合适的表达方式，这种锻炼将大大提高他们的创新意识和解决问题的能力。想象力和创新能力相辅相成，二者共同促使学生在学习和生活中表现出色。

英语翻译还可以帮助学生拓展视野，增加知识面。通过翻译不同领域的文本，学生将接触到各种各样的信息和知识，从而打开自己的视野，增加对世界的认识。这不仅可以帮助学生建立更加全面的知识体系，还可以激发他们对不同文化的兴趣和好奇心。通过英语翻译，学生不仅可以提高自己的语言水平，还可以丰富自己的思想内涵，使自己在未来的学习和工作中更加全面而充实。因此，培养学生的想象力是英语翻译中的一个重要环节。

通过英语翻译的学习，可以提高学生的语言水平，锻炼其思维能力，并拓展其知识面，进而改善学习效果。英语翻译还可以培养学生的综合能力，激发其创新意识，从而提升学生的创造力。

在学习英语翻译的过程中，学生将会接触到各种不同领域的知识和信息，这将有助于他们建立更加全面的知识体系。通过翻译英文文章，学生不仅可以提高自己的语言水平，还能够培养自己的逻辑思维能力和分析能力。在不断的翻译练习中，学生需要理解文章的内容并将其准确表达出来，这将锻炼他们的思维灵活性和表达能力。

英语翻译也能够帮助学生培养综合能力和解决问题的能力。在翻译过程中，学生需要综合运用自己所学的语言知识和文化背景，同时还需查阅资料和进行必要的逻辑推理，以确保自己的翻译准确无误。这样的综合能力培养不仅可以提高学生的学习效果，还会激发他们的创新意识和创造力。

通过不断地翻译练习，学生将逐渐建立自己的翻译风格和技巧，并能够更加自如地运用英语表达自己的想法和观点。这种语言能力的提升将为学生未来的学习和工作奠定坚实的基础。因此，英语翻译不仅可以改善学生的学习效果，还能够为他们的综合能力和创造力的提升提供有力支持。

英语翻译在大学英语学习中扮演着重要的角色，可以帮助学生提高语言水平。通过翻译，学生可以锻炼自己的思维能力，拓展自己的知识面。这种方法不仅可以改善学习效果，还可以培养学生的综合能力和创新意识。通过翻译，学生可以更好地强化自己的表达能力，提升自己在学术领域的竞争力。

在撰写论文时，强化表达能力是至关重要的。一篇好的论文不仅需要有扎实的理论基础和深刻的见解，更需要通过清晰、准确的语言表达来传达作者的思想。通过不断进行翻译训练，学生可以提高自己的文字表达能力，使自己的论文更具有说服力和感染力。

同时，强化表达能力也是提升个人综合素质的过程。在写作过程中，学生需要不断选择恰当的词汇和语法结构来准确表达自己的观点，这有助于他们培养逻辑思维能力和沟通能力。通过翻译，学生还可以积累更多的知识和信息，拓展自己的学术视野，从而更好地适应未来的学习和工作需求。

总的来说，通过强化表达能力，学生不仅可以提高论文写作水平，还可以培养综合能力和创新意识，为自己的未来发展打下坚实的基础。因此，我们应该重视英语翻译在大学英语学习中的作用，不断提升自己的表达能力，实现个人的学术目标和职业追求。

在大学英语学习中，英语翻译扮演着重要的角色。通过英语翻译的学习，学生不仅可以提高语言水平，还能锻炼思维能力，拓展知识面，改善学习效果，培养综合能力和创新意识。英语翻译还能帮助学生拓展解决问题的思路，使他们在面对复杂问题时能够更加灵活和果断地进行思考和解决。因此，英语翻译在大学英语教学中的重要性不可忽视，它能够为学生的学习和成长提供良好的支持和帮助。

在大学英语学习中，英语翻译作为一项重要的技能，对学生的学习能力和综合素质有着深远的影响。通过英语翻译的学习，学生可以不仅可以提高自己的语言水平，还可以培养自己的思维能力，拓展自己的知识面，以及改善自己的学习效果。在实际的学习中，英语翻译可以帮助学生更好地理解和应用所学知识，同时也可以锻炼学生的逻辑思维能力和创新意识。

通过英语翻译的训练，学生可以逐渐培养起解决问题的灵活性和果断性，使他们在面对复杂问题时能够更加冷静和自信地进行思考和解决。在实践中，英语翻译不仅能够帮助学生理清问题的脉络，还可以帮助他们找到问题的关键点，从而更好地解决问题。因此，英语翻译在大学英语教学中扮演着不可或缺的角色，它为学生的学习和成长提供了强有力的支持和帮助。

除此之外，英语翻译还能够帮助学生拓展视野，增加文化交流的机会，培养学生的国际意识和跨文化交流能力。通过翻译不同语言之间的文本，学生可以更加深入地了解不同语言和文化之间的差异和联系，从而促进全球化时代学生的综合素质教育。因此，可以说英语翻译不仅是一种语言技能，更是一种综合能力和文化素养的体现。在未来的学习和工作中，英语翻译的重要性将会愈发凸显，学生应该认真学习和掌握这一技能，以提升自己在国际舞台上的竞争力。

英语翻译在大学英语学习中发挥着重要的作用，不仅可以提高学生的语言水平，同时也能锻炼学生的思维能力。通过翻译，学生可以拓展自己的知识面，进一步改善学习效果，培养自己的综合能力。翻译还可以培养学生的创新意识，增进他们的独立思考和分析能力。这些优势都将对学生的学习和发展产生积极的影响，使他们在未来的学习和工作中更加卓越。

通过翻译的过程，学生可以逐渐培养出批判性思维，不再仅限于表面的知识消化，而是能够深入挖掘信息的内涵，进而形成更为丰富和广泛的思考视野。这种独立思考和分析能力的提升，将使他们在面对问题时更加自信、果断，同时也更具有独立解决问题的能力。在这个信息爆炸的时代，独立思考和分析能力已经成为一种重要的综合素养，只有具备了这样的能力，学生才能更好地应对未来的挑战。

而且，翻译也能够引导学生走出舒适区，尝试接触更为广泛和复杂的知识领域，从而提升自己的学习兴趣和动力。这种跨文化的交流和思维碰撞，必将为学生带来全新的学习体验，激发出他们更为广阔的求知欲望。通过翻译的训练，学生还能够加深对不同语言和文化的理解和尊重，培养出一颗包容的心灵，使他们更加愿意接纳和尊重他人的不同意见，从而建立起更为和谐和积极的人际关系。

总的来说，增进独立思考和分析能力是英语翻译在大学英语学习中所起到的重要作用之一，这种能力的培养不仅会提高学生的学习效果，还会对他们的综合素养和未来的发展产生深远的影响。因此，在大学英语教育中，应该更加重视翻译教学，给予学生更多的机会和平台，让他们通过翻译这一技能不断地丰富自己的内在世界，从而成为更为全面和优秀的个体。

三、提升综合素质

加强跨学科知识的学习有助于学生更好地理解不同学科之间的联系，从而提升他们的学术能力。跨学科知识使学生能够将所学知识应用到不同的领域。例如，在大学英语翻译课程中，学生不仅学习了英语语言的翻译技巧，还可以运用这些技能进行跨学科研究，比如将所学知识运用到文学、历史或经济学等领域的研究中。

跨学科知识培养了学生的批判性思维和解决问题的能力。通过学习不同学科的知识，学生可以从不同的角度思考问题，寻找解决问题的方法。在英语翻译课程中，学生需要不断思考如何准确地表达另一种语言的含义，这需要他们具备批判性思维和解决问题的能力。

跨学科知识拓展了学生的视野，使他们能够更全面地了解世界。在英语翻译课程中，学生不仅学习了语言的翻译技巧，还可以了解不同文化背景下的语言差异，从而增加对世界多样性的理解。这种全面的视野有助于学生更好地适应未来社会的发展需求。

最重要的是，跨学科知识提升了学生的学习兴趣和动力。通过学习不同学科的知识，学生可以体验到不同学科的魅力，激发他们对学习的兴趣。在英语翻译课程中，学生可以结合文学、历史或经济学等领域的知识进行研究,这不仅提高了学习的效果,还增强了学生的学习动力。

总的来说,增加跨学科知识对学生的影响和重要性不可忽视。跨学科知识不仅帮助学生更好地理解不同学科之间的联系,提升了他们的学术能力,而且激发了学生对学习的兴趣,促进了他们的综合能力和综合素质的提升。因此,教育界应该重视跨学科知识的培养,为学生的学习和发展提供更全面的支持。

跨学科知识的重要性体现在了学生全面发展的各个层面。通过学习不同学科知识,学生不仅能够拓展自己的视野,还能够提高自己的社会适应能力和综合素质。同时,跨学科知识的增加还可以激发学生主动学习的积极性,促使他们更加主动地探索和解决问题。跨学科知识的融会贯通还有助于培养学生的批判性思维能力,使其能够更加理性地分析和评价信息,提升自己的判断能力和解决问题的能力。

跨学科知识的丰富还可以提高学生的创新能力和创造力。通过不同学科知识的交叉融合,学生可以形成新的认知模式和思维方式,促使他们在解决问题时能够运用更加多元化的思维路径,有效提升解决问题的效率和质量。这种创新思维模式的形成不仅对学生个人的发展有着积极的促进作用,同时也对整个社会的进步和发展起到了重要的推动作用。

跨学科知识的增加对学生的全面发展有着重要的意义。教育者应该意识到跨学科知识融合的重要性,将其纳入教学内容中,为学生提供更加广阔和丰富的学习视野,为他们未来的发展奠定坚实的基础。只有在跨学科知识的支持下,学生才能更好地适应未来社会的发展需求,展现出更加优秀的综合素质和综合能力。

学科交叉能力是指在多个学科领域中融会贯通、能够运用多种学科知识来解决问题的能力。在大学英语翻译与英语教学的研究中,培养学生的学科交叉能力具有极其重要的意义。学科交叉能力可以提高学生的跨学科学习能力,使他们能够更好地理解和应用不同学科之间的知识,从而更好地解决复杂问题。例如,在英语翻译中,不仅需要掌握英语语言知识,还需要了解文化、历史、政治等方面的知识,这就需要学生具备跨学科的学习能力。

学科交叉能力可以促进学生的创新思维和问题解决能力。当学生能够跨学科地思考问题时,他们更容易找到问题的根源,并提出创新的解决方案。通过在不同学科领域的学习和思考,学生可以培养出更为全面和独特的解决问题的能力,这对他们未来的职业发展和学术研究都具有重要意义。

学科交叉能力还可以提升学生的综合素质。在大学英语翻译与英语教学的研究中,学生除了需要具备扎实的英语语言基础知识外,还需要具备批判性思维、创造力、沟通能力等多方面的能力。通过培养学科交叉能力,可以使学生在不断学习和实践中提升综合素质，更好地适应社会发展的需求。

在培养学科交叉能力的过程中，教师和学校应该给予学生更多的支持和引导。教师可以设计跨学科的教学内容和活动，引导学生主动探索和学习不同学科领域的知识。同时，学校可以开设跨学科的课程，为学生提供更广泛的学习资源和机会，促进他们在不同学科领域的学习和交流。

在现今快速变革的社会背景下，学生需要具备跨学科的学习能力来应对未知的挑战和机遇。培养学科交叉能力不仅有助于学生在学术领域中拓展视野，还能培养他们的团队合作意识和创新精神。通过与不同学科领域的知识交叉融合，学生可以更好地适应未来社会发展的需求。

学校和教师在培养学科交叉能力的过程中扮演着关键的角色。教师应该引导学生进行跨学科的学习和研究，激发他们的学习兴趣和创造力。学校则可以提供多元化的学习资源和平台，为学生创造更多展示和实践的机会。通过跨学科学习项目和实践活动，学生可以增强自己的团队协作能力和解决问题的能力。

培养学科交叉能力也有助于学生发展跨文化交流能力和全球视野。通过学习不同学科的知识和思维方式，学生可以更好地理解和尊重他人的观点，培养跨文化沟通的能力。在全球化的背景下，这种能力对于学生未来的职业发展和个人成长至关重要。

因此，教育工作者应该积极探索如何培养学生的学科交叉能力，为他们的未来做好充分准备。通过跨学科学习和实践，学生可以拓宽自己的视野，提升自己的综合素质，在追求个人成功的同时也为社会的发展做出积极的贡献。希望未来的教育能够更多地注重跨学科能力的培养，培养出更多具有全面素质的人才。

第三章　英语翻译在大学英语教学中的问题与挑战

第一节　翻译的准确性和流畅性

一、词汇选择与表达

在大学英语教学中，词汇选择和表达是一个普遍存在的问题。学生往往会遇到难以准确表达中文原文含义的困难，这主要是由于中英两种语言在词汇的使用和搭配上存在着差异。一些中文词汇在英文中没有直接的对应词，或者存在多种不同的表达方式，这使得学生很难在翻译过程中找到最合适的表达方式。

词汇选择和表达的困难不仅体现在翻译过程中，也会在英语写作中造成问题。学生可能会倾向于直译中文词汇，而不是根据上下文和语境来选择适当的词语。这种机械式的翻译方法往往会导致表达的生硬和不通顺，影响文章的整体质量。

一些中文原文中蕴含着深刻的文化内涵，而这些文化内涵在英文中可能无法完全体现。学生如果无法准确理解和把握原文的文化含义，很难选择合适的词汇和表达方式来表达原文的意思。举个例子，某些中文成语和谚语在英文中可能没有等价的表达方式，这就需要学生具有跨文化的思维能力和语言运用能力来解决这一问题。

尽管在大学英语教学中词汇选择和表达存在一些问题和困难，但这也为学生提供了丰富的学习机会。通过面对这些挑战，学生可以逐渐提高自己的翻译和表达能力，培养跨文化交流的能力，更好地理解不同文化背景下的语言和沟通方式。在不断的练习和实践中，学生可以逐渐克服词汇选择和表达方面的困难，提高自己的英语水平，更好地掌握英语翻译和写作技巧。

在学术写作中，尤其是涉及到翻译和表达的环节时，学生常常会遇到一些挑战和困难。对于一些富有文化内涵的中文原文，要准确地传达其含义并不容易。由于不同文化的差异，有些中文特有的成语、谚语或习惯用语在英文中并无对应的表达方式，这就需要学生具备跨文化思维和翻译能力来处理。面对这些困难，学生需要不断练习和实践，逐渐提高自己的语言表达和翻译水平。

通过解决词汇选择和表达上的挑战，学生不仅可以提升自己的英语能力，还可以培养跨文化交流的技巧。逐步克服困难，学会恰当地运用词汇和表达方式，不仅可以更准确地传达原文的意思，也能够拓展自己的语言视野和沟通能力。通过不断地尝试和练习，学生可以逐渐掌握英语写作的技巧，更好地应对各种学术挑战。

在大学英语教学中，克服词汇选择和表达方面的困难是必不可少的一部分。这种挑战不仅锻炼了学生的语言能力，也培养了他们的跨文化意识和沟通技巧。通过不断地积累经验和提高自身能力，学生可以逐渐成为优秀的论文写作专家，准确地传达不同文化背景下的含义，展现出自己独特的学术魅力和思维深度。

翻译工作在大学英语教学中扮演着至关重要的角色，然而，翻译却经常容易产生歧义或误解。这种情况可能会给学生的学习和理解带来困难。其中一个可能导致歧义或误解的因素是词汇选择与表达。不同的语言有不同的词汇表达方式，有些词汇在英语中可能有多种翻译方式，而这些方式之间可能存在微妙的差别。如果翻译选择了不合适的词汇，就会导致学生对原文的理解出现偏差。

另一个容易引起歧义或误解的因素是文化差异。不同的文化中可能存在对同一概念的不同理解，如果翻译人员没有深入了解原文所涉及的文化背景，他们就很容易在翻译过程中忽略或错误理解特定文化背景下的含义，从而产生歧义或误解。

语言的语法结构也可能是产生歧义或误解的一个因素。不同语言的语法结构有着诸多差异，有些语法结构在翻译过程中很难保持原文的意思和语气，因此可能导致翻译的歧义或误解。学生在学习英语翻译时，如果不能很好地理解这些语法结构的差异，就会影响他们对原文的理解和学习效果。

语言的语义也是容易产生歧义或误解的一个因素。语言是一个复杂的系统，每个词汇以及词组都有其特定的语义含义，而这些含义可能因为语境、语气等因素而发生变化。因此，翻译人员在翻译过程中需要综合考虑语义差异，以确保翻译的准确性和流畅性。学生如果不能理解语言的语义差异，就很容易产生对原文的歧义或误解。

总的来说，翻译在大学英语教学中是必不可少的一环，然而，翻译中可能会产生歧义或误解，给学生的学习带来困难。为了提高翻译的准确性和流畅性，翻译人员需要深入了解原文的语言、文化背景以及语法结构和语义含义的差异，以避免产生歧义或误解。学生在学习英语翻译时也需要重视这些因素，加强对语言、文化和语法的理解，以提高对原文的准确理解。

在翻译过程中，翻译人员需要不断地思考和推敲，确保所表达的意思与原文一致。

语言的表达方式多种多样，可能因为言辞的微妙变化而导致不同解读，如果翻译人员不谨慎处理，就容易让读者产生误解。因此，在翻译过程中，除了要准确理解原文的意思外，还要注意语言的细微差别，以避免歧义的产生。

在大学英语教学中，学生需要敏锐地捕捉语言的微妙变化，学会从不同角度解读原文，从而避免产生误解。对于学习翻译的学生来说，不仅需要注重词汇的理解，还要了解背后的文化内涵，以便正确把握原文的含义。只有在全面理解原文的基础上，才能准确地表达出来，避免歧义和误解的发生。

除了语言的选择上需要慎重之外，在翻译过程中，文化的因素也是需要考虑的关键点。不同的文化背景可能导致对于某些词语或习惯表达方式的不同解读，如果在翻译中忽略了这一点，就很容易产生歧义或误解。因此，翻译人员在进行翻译时需要对原文文化背景有一定的了解，以确保译文符合目标文化的传达需要。

总的来说，翻译是一项艰巨而复杂的工作，需要翻译人员具备深厚的语言功底和文化素养。只有通过不懈的努力和不断的学习，翻译才能做到更加准确、流畅，避免产生歧义或误解，为信息的传递搭建起一座沟通的桥梁。

二、句式结构和语法

一个重要的挑战是英语与中文的语法结构差异。英语是一种主谓宾语的语言，而中文则是主谓宾的顺序。因此，在进行翻译时，学生可能会遇到问题，因为他们需要重组句子的结构。例如，在英语中，"I went to the store yesterday"需要翻译成"我昨天去了商店"，而不是直译成"我昨天去了商店"。

英语中的动词时态和语态也可能导致学生在翻译时出现困难。例如，在英语中，"He will have finished his homework by the time we arrive"需要翻译成"我们到达时，他将完成作业"，而不是直译成"我们到达时，他将已经完成作业"。

另一个常见的问题是英语中的被动语态，在中文中并不常见。学生可能会在翻译时忽略这一点，导致句子结构混乱。例如，"The book was written by him"需要翻译成"这本书是他写的"，而不是直译成"这本书被他写"。

在解决这些问题时，学生需要注意语法结构的差异，并尝试理解每种语言的独特之处。他们应该学会灵活运用不同的句式和结构，以确保翻译的准确性和流畅性。他们还应该积极参与练习和交流，以提高他们的翻译能力。

总的来说，英语翻译在大学英语教学中是一个重要的环节，但也是一个充满挑战的领域。学生需要认识到英语与中文的语法结构差异，努力克服翻译中的问题，并不断提升他们的翻译技能。通过不断练习和探索，他们将能够更好地理解和运用英语翻译，为

第三章　英语翻译在大学英语教学中的问题与挑战

未来的学习和工作打下坚实的基础。

英语与中文的语法结构差异给翻译工作带来了挑战，需要我们仔细对待。在实际翻译中，我们必须充分了解两种语言之间的差异，因为语言之间不仅有词汇的差异，还有句法结构的不同。在翻译过程中，我们要做到充分理解原文的意思，然后用恰当的方式表达出来，使译文贴切流畅。要注意调整句子的结构，避免直译带来的混乱。

英文注重主谓宾的表达方式，语序灵活，而中文则更注重修饰语的使用，常常是主题的描述在前，然后是其他细节。这种差异在翻译中很容易导致句子结构混乱。因此，在翻译过程中，需要灵活运用语言特点，合理调整句子结构，确保翻译结果准确传达原文的意思。要善于抓住原文的语法重点，严格掌握中英两种语言的语法规则，才能做到翻译得当。

除了语法结构差异外，词汇选择也是翻译工作中需要仔细斟酌的地方。有时候一个词在英文里有多种意思，而在中文里可能只有一种翻译，这就需要我们根据上下文仔细考虑，选择最适合的翻译方式。需要注意不同语言的惯用表达和习惯搭配，在翻译时要保持语言风格的一致性，以确保译文通顺自然。

英语与中文的语法结构差异是翻译工作中一个重要的挑战，需要我们加强对两种语言的了解，注重句子结构的调整，灵活运用词汇，确保翻译质量。只有不断练习和积累经验，我们才能提升翻译水平，做出更加准确流畅的译文。

在英语翻译过程中，常常会出现一些语法错误，例如主谓不一致和时态不一致。主谓不一致是指主语和谓语在人称和数上不匹配，这种错误会导致句子缺乏逻辑一致性，影响读者对文本的理解。时态不一致则是指在句子中出现了时态上的不一致，这会使句子变得混乱，失去准确表达的能力。

这些语法错误会直接影响翻译的准确性和流畅性。一旦出现了这些错误，原文的意思可能会被歪曲，读者可能会产生困惑甚至误解。在翻译过程中，语法错误也会降低整体的质量，使译文失去原著的魅力和精髓。语法错误会使翻译变得生硬和啰嗦，导致读者失去阅读的兴趣。

除了影响翻译质量外，语法错误还会给学习者带来负面影响。学习者在学习和掌握英语翻译技能的过程中，如果频繁出现语法错误，会降低他们的自信心，甚至影响他们对英语学习的积极性。因此，教师在英语教学中需要重点关注语法和句式结构的训练，帮助学习者尽可能减少这些错误的发生。

总的来说，在大学英语教学中，语法错误在翻译过程中扮演着重要的角色，其对翻译质量和学习者的影响不可忽视。因此，教师需要引导学习者注意避免这些错误，提高他们的语法意识和翻译技能，以提高翻译质量和英语教学效果。

在翻译过程中，正确的语法是至关重要的。语法错误不仅会影响译文的质量，也会让读者感到困惑和不舒服。当读者阅读翻译文本时，他们期望看到流畅和规范的语言，而不是错漏百出的语法错误。因此，译者在进行翻译时，务必要注意语法的准确性。

语法错误可能会导致信息的混乱和误解。一个句子中的语法错误往往会改变句子的意思，甚至使原文的含义完全失真。这不仅会影响读者对原文的理解，也会对整个翻译作品的质量产生负面影响。因此，译者应该在翻译过程中，反复检查语法错误，并及时进行修正。

频繁出现的语法错误也会给译者带来心理压力。译者在翻译过程中，如果总是犯错，可能会感到沮丧和挫败，甚至会失去对翻译工作的热情和信心。为了避免这种情况发生，译者需要不断学习和提高自己的语法水平，以确保翻译作品质量的稳步提升。

总的来说，语法错误在翻译中的重要性不言而喻。译者应该时刻注意语法的准确性，努力提高自己的语言功底，以确保翻译作品的质量和可读性。只有这样，才能更好地传达原文的信息和精神，实现翻译的最终目的。

三、文化差异和背景知识

在翻译过程中，文化转换问题是一个不可忽视的挑战。其中之一是习惯用语的翻译。许多习惯用语在英语中具有特定的文化内涵，因此直译可能会导致误解或丢失原文的意义。另一个常见的问题是文化隐喻的翻译。文化隐喻是一种通过文化共享的象征或比喻来传达意义的方式，需要读者具有相同的文化背景和知识才能理解。

在翻译中遇到习惯用语和文化隐喻时，译者往往需要进行文化转换，以确保翻译的准确性和流畅性。但是，由于不同文化之间的差异，这种转换可能会带来挑战。译者需要谨慎处理这些问题，以避免错误的翻译。

另一个常见的文化转换问题是礼貌用语和称谓的翻译。在不同的文化中，人们对待他人的方式和用语可能会有所不同。因此，翻译这些内容时需要考虑到文化背景和社会习俗，以确保翻译的恰当性和得体性。

文化转换问题也可能涉及到不同文化对于时间、空间和关系的不同看法。在翻译中，译者需要考虑到这些因素，以确保翻译结果符合原文的意义和情感色彩。

总的来说，文化转换问题是英语翻译中一个重要的挑战。译者需要认识到不同文化之间的差异，以确保翻译的准确性和流畅性。在面对这些问题时，译者需要保持敏感和谨慎，以避免翻译错误和误解。因此，在大学英语教学中，需要加强对文化转换问题的教育和培训，以提高学生的翻译能力和跨文化沟通能力。

在翻译过程中，译者需要考虑到不同文化之间的差异，尤其是在礼貌用语和称谓的翻译上。不同文化对待他人的方式和用语可能存在差异，因此译者在翻译时需要综合考虑文化背景和社会习俗，以确保翻译的恰当性和得体性。

文化转换问题也涉及到对时间、空间和关系的不同看法。翻译过程中，译者需要准确把握这些差异，保证翻译结果与原文符合意义和情感色彩。

在大学英语教学中，加强对文化转换问题的教育和培训显得至关重要。只有通过更深入的了解和学习，学生才能提高翻译能力和跨文化沟通能力。了解不同文化背景之间的差异，可以帮助学生更好地理解和传达语言之间的信息，避免翻译错误和误解的发生。

因此，对于翻译专业的学生来说，持续学习和钻研跨文化交流的知识至关重要。只有通过不断努力和学习，才能在翻译领域取得更好的成就。文化转换问题虽然是一个挑战，但只要有足够的耐心和细心，译者一定能够克服这一难题，成功完成翻译任务。

背景知识的理解和掌握在翻译过程中起着至关重要的作用。缺乏必要的背景知识可能会导致翻译不准确甚至出现错误。例如，一些特定领域的专业术语和概念，如果译者不了解相关背景知识，很难做到准确表达。在翻译文化内涵丰富的内容时，对背景知识的理解也尤为重要。因为文化差异可能会导致原文与译文之间的语义差异，使得翻译结果不符合原文意思。

除了专业领域的背景知识外，历史、社会、地理等方面的知识也对翻译起着重要作用。例如，一个包含历史事件的句子，如果译者对该事件的背景和相关人物不了解，很难做到恰当地表达原文意思。因此，翻译者不仅需要具备优秀的语言表达能力，还需要有广泛的知识储备，以确保翻译质量。

同时，翻译教学中也应注重对背景知识的培养。教师可以通过案例分析、讨论等方式引导学生了解文化差异和相关知识，帮助他们提高对背景知识的理解和掌握能力。加强对跨文化交际和印证案例的探讨也有助于学生提升翻译水平。

在大学英语翻译与教学研究中，如何提高学生对背景知识的理解和掌握能力是一个亟待解决的问题。只有充分理解原文内容所包含的背景知识，才能保证翻译质量达到最佳。因此，对背景知识的重视和培养势在必行，直面挑战并尝试解决问题，才能更好地提升翻译质量。

3.1.3.2 对背景知识的理解和掌握对于翻译工作至关重要。只有深入理解原文所蕴含的文化、历史和社会背景，才能准确传达原文的意思。翻译者需要具备广泛的知识储备，以便在翻译过程中避免出现误解或歧义。通过不断学习和积累，翻译者可以提高对背景知识的理解和掌握能力，从而提升翻译质量。

在翻译教学中，教师应该倡导学生重视背景知识的学习，引导他们通过案例分析和讨论来深入了解文化差异和相关知识。培养学生的跨文化交际能力和印证案例的能力，有助于他们更好地理解原文，并进行准确流畅的翻译。只有通过提高对背景知识的理解和掌握，学生才能在翻译过程中准确把握原文的含义，确保译文质量达到最佳水平。

在大学英语翻译与教学研究中，必须认识到提高学生对背景知识的理解和掌握能力是当务之急。翻译水平的提升离不开对背景知识的深入挖掘和积累，只有如此，才能解决翻译过程中的难题，确保翻译质量的稳步提升。对背景知识的注重和培养不仅是提升翻译能力的关键，也是翻译教学中的必由之路。

文化障碍是影响翻译准确性和流畅性的重要因素之一。在进行跨文化翻译时，译者往往会遇到许多文化差异，这些差异可能导致翻译不准确或不通顺。在翻译过程中，译者需要考虑源语言和目标语言之间的文化背景知识，以确保翻译的准确性和流畅性。

文化障碍可能会导致词汇选择的困难。每种语言都有其独特的文化背景和内涵，某些词汇在一个文化中可能有特定的含义，但在另一个文化中却可能完全不同。例如，英语中的"cool"一词在美国英语中表示"酷"，但在英国英语中可能有不同的意义。如果译者不了解这些文化差异，可能会选择不当的词汇，从而导致翻译不准确。

文化障碍还可能影响到句子结构和语法规则的正确运用。不同语言有不同的语法结构和表达方式，译者需要了解目标语言的语法规则，才能准确地表达源语言的意思。如果译者没有足够的文化背景知识，可能会犯下语法错误，导致翻译不通顺。

在跨文化翻译中，译者还需要考虑到文化背景对于表达方式和口头禅的影响。不同文化中的人们习惯使用不同的表达方式和口头禅，这些习惯在翻译过程中可能会被误解或忽略。如果译者没有足够的文化背景知识，可能会无法准确传达源语言中的文化内涵，导致翻译不准确。

总的来说，文化障碍对翻译的影响是不可忽视的。在进行跨文化翻译时，译者需要充分了解源语言和目标语言之间的文化差异，以确保翻译的准确性和流畅性。只有通过不断学习和提升自己的文化背景知识，译者才能更好地应对文化障碍带来的挑战。

跨文化翻译是一项复杂而又具有挑战性的任务，而文化障碍对翻译的影响尤为重要。除了语法规则和表达方式的问题外，在翻译过程中还需要考虑到不同文化背景下的习惯和价值观念。例如，一些源语言中的俗语或成语在目标语言中可能没有相应的翻译，译者需要灵活运用语言技巧来处理这些情况。

文化差异还会影响到翻译的文化内涵和情感表达。在某些文化中，某些词语或表达可能带有特定的象征意义或情感色彩，如果译者不了解这些文化背景知识，就很难准确传达源语言中的意思。因此，要想做好跨文化翻译，译者需要具备广泛的文化知识，不断学习和积累跨文化交流的经验。

在现代社会，跨文化翻译扮演着越来越重要的角色。随着全球化的发展，不同国家和地区之间的交流与合作越来越频繁，而翻译作为连接不同文化的纽带，承担着沟通和理解的重要责任。因此，要想做好翻译工作，译者需要不断提升自己的文化素养和语言水平，以应对复杂多变的跨文化交流挑战。只有这样，才能确保翻译的准确性、流畅性和文化适应性，为促进跨文化交流作出更大的贡献。

第四章　如何有效整合英语翻译教学与英语教学

第一节　研究现状分析

一、英语翻译教学的挑战与机遇

　　传统翻译教学存在的问题主要集中在教学方法和教材内容上。在教学方法方面，传统模式往往过于注重于语法知识的灌输和机械性的翻译练习，忽视了语言应用能力和跨文化交际能力的培养。学生在这样的教学模式下往往只能通过死记硬背来完成翻译任务，缺乏实际应用的机会，导致他们缺乏对目标语言文化的理解和运用。

　　在教材内容方面，传统翻译教学往往过于局限于文本的语言形式，忽视了背后的文化背景和语用习惯。学生通过翻译教学很难领会到语言与文化之间的内在联系，无法真正理解并准确表达原文的意思。传统教材内容常常过于简单，缺乏挑战性和实用性，无法有效激发学生的学习兴趣和动力。

　　这些问题严重影响了学生的翻译能力提高，并且对他们未来的职业发展也带来一定的负面影响。缺乏对目标语言文化的深入理解和运用能力，使得学生在实际工作中很难胜任翻译任务，也难以达到跨文化沟通的要求。传统翻译教学的固化模式也使得学生的创新能力和自主学习能力受到限制，无法适应现代社会对翻译人才的复合性要求。

　　因此，如何有效整合英语翻译教学与英语教学，突破传统教学模式带来的种种问题，提高学生的翻译能力成为当前研究的重要课题。通过深入分析问题所在，我们可以更好地把握传统翻译教学的不足之处，为未来改进和创新教学方法提供有益的启示。只有不断探索和实践，才能找到最适合学生的翻译教学模式，为他们的职业发展奠定扎实的基础。

　　传统翻译教学存在的问题不仅仅是学生翻译能力的提高受到了限制，还深刻影响了他们未来的职业发展。缺乏对目标语言文化的深入了解和灵活运用，学生很难胜任实际工作中的翻译任务，也无法满足跨文化沟通的需求。传统翻译教学的僵化模式阻碍了学生的创新思维和自主学习能力的发展，使他们难以适应现代社会对翻译人才的复合性要求。

因此，如何有效融合英语翻译教学和英语教学，打破传统模式的束缚，提高学生的翻译水平已成为亟待解决的问题。深入剖析问题所在，有助于我们更好地认识传统翻译教学的弱点，为未来的改革和革新教学方法提供有益启示。只有不断勇于探索和实践，才能找到最适合学生的翻译教学模式，为他们的职业发展奠定坚实基础。在这个过程中，教师们的角色至关重要，他们需要不断更新教学理念和方法，引导学生全面发展，提高他们的综合素质和国际竞争力。通过创新教学方式，激发学生的学习兴趣和自主学习能力，才能使他们真正成为复合型、高水平的翻译人才。

现代技术的快速发展对翻译教学产生了深远的影响。机器翻译技术的进步使得翻译变得更加高效准确，特别是在处理大规模文本时。在线词典和语料库库的广泛使用也为学生提供了更多的辅助工具，帮助他们更快速地解决疑难问题。然而，这些技术的普及也在一定程度上挑战了传统的翻译教学模式。

传统翻译教学通常注重学生对语言知识和翻译技巧的掌握，强调语言的准确性和流畅性。然而，在现代技术的影响下，学生可能会更倾向于依赖机器翻译和在线词典，而忽视自身的语言学习和翻译能力。这可能导致学生对于语言知识的理解不够深入，翻译技巧的提升不够充分。

现代技术的影响也加速了翻译教学内容的更新和转变。传统的翻译教学往往注重词汇和语法的训练，而在当今信息化社会，翻译需求更多地集中在专业领域和数字化媒体上。因此，教师需要不断更新教学内容，引入更多实际案例和跨学科知识，帮助学生更好地适应现代翻译市场的需求。

现代技术也为翻译教学提供了更多灵活的教学方式。通过在线平台和多媒体技术，学生可以更方便地获取资料和练习机会，拓展他们的学习视野。教师也可以利用虚拟班级和远程教学的方式，实现跨地域的合作与交流，为学生提供更广阔的学习平台。

总的来说，现代技术的发展对英语翻译教学产生了深刻的影响，既带来了挑战，也创造了更多的机遇。对于教师而言，需要认识到技术发展的重要性，并不断更新教学理念和方法，以更好地适应时代的发展潮流。对于学生而言，需要在利用现代技术的同时，保持对语言知识的热爱和执着，努力提升自身的翻译技能，才能更好地应对未来的职业挑战。

现代技术的快速发展给翻译教学带来了新的挑战和机遇，需要教师和学生共同努力适应这一变化。在教学过程中，教师可以更多地利用虚拟现实技术和人工智能辅助工具，

第四章　如何有效整合英语翻译教学与英语教学

帮助学生模拟真实翻译场景，提高他们的实际操作能力。同时，学生也可以通过网络资源和在线课程学习更多跨学科知识，扩展自己的专业背景，提升竞争力。

随着信息技术的不断更新，翻译教学也需要与时俱进，教师可以引入新的教学方法和工具来激发学生的学习兴趣和探索精神。例如，利用社交媒体平台和在线协作工具，让学生在虚拟环境中进行语言实践和合作翻译，培养他们的团队合作意识和沟通能力。

教师还可以通过线上评估和反馈系统及时对学生的学习表现进行监控和指导，为他们提供个性化的学习支持和建议。同时，学生也可以通过网络资源和在线社区与来自全球各地的翻译爱好者和专家进行交流和学习，拓展自己的国际视野和专业网络。

在现代技术的支持下，翻译教学将更加多元化和灵活，教师和学生可以共同探索新的教学路径和方法，共同应对未来翻译市场的挑战和机遇。通过不断学习和实践，我们相信现代技术将成为翻译教学的有力助手，助力学生取得更大的成功和成就。

如今随着全球化的发展，英语作为一种国际通用语言，其重要性日益凸显。而有效整合英语翻译教学与英语教学，成为当前大学英语教育中亟待解决的问题。英语翻译教学的挑战与机遇并存，翻译教学与英语教学的融合需求愈发迫切。通过深入研究，我们能够更好地理解这一现状，为大学英语翻译与教学的发展提供有效的指导。

随着全球化的脚步不断加快，英语的重要性愈发凸显，而英语翻译教学也因此变得尤为重要。在大学英语教育中，如何有效整合翻译教学和英语教学成为一项亟待解决的问题。尽管英语翻译教学存在诸多挑战，但也伴随着无限机遇。因此，融合翻译教学与英语教学的需求愈发迫切。

通过深入研究，我们可以更好地把握这一现状，为大学英语翻译与教学的发展提供有效的指导。在这个过程中，我们需要探索适合大学生的英语翻译教学方法，提升他们的翻译技能和语言运用能力。同时，也需要注重英语翻译教学与英语教学的整合，使学生在学习英语的同时，能够培养他们的翻译能力，实现语言和文化的双向传达。

为了实现这一目标，大学英语教育需要进一步倡导跨学科合作，打破学科之间的界限，让翻译教学与英语教学相互渗透、相互促进。同时，还需要加强教师队伍的建设，培养一支专业化、敬业的英语翻译教学团队，为学生提供更加优质的教学服务。

在全球化的浪潮下，英语翻译教学的挑战与机遇并存，翻译教学与英语教学的融合需求不断凸显。只有不断改进教学方法，加强师资队伍建设，促进跨学科合作，我们才能更好地应对这一挑战，为大学生的英语学习和翻译能力的提升提供有力支持。愿我们共同努力，开创英语翻译教学新局面，助力学生成为更加全面发展的国际人才。

英语翻译教学的未来发展趋势将会越来越重视学生的实际语言运用能力，培养他们在跨文化交流中的翻译技巧和能力。教学方法和教材将更加注重实用性和灵活性，结合学生的实际需求和实际情境来设计教学内容。教师将扮演更多的指导和引导角色，激发学生自主学习的积极性，提高他们的跨文化交际技能。同时，随着信息技术的发展，翻译教学将更加注重多媒体教学和在线资源的利用，为学生提供更加丰富和便捷的学习方式。在未来，翻译教学将不再是简单的语言转换，而是更加注重文化交流和沟通能力的培养，使学生能够在国际社会中更好地融入和交流。

未来，随着社会的不断发展和全球化的加剧，英语翻译教学将迎来全新的挑战和机遇。教学内容将更加贴近学生的实际需求，注重培养他们的实际语言运用能力和跨文化交流技能。教师在教学中将扮演更多的引导和激励角色，激发学生的自主学习能力，提高他们的沟通技巧。教学方法和教材将更加注重实用性和灵活性，结合多元化的实际情境和在线资源，为学生提供更加丰富和便捷的学习方式。

在未来的翻译教学中，学生将不再被局限于简单的语言转换，而是被鼓励更多地关注文化的呈现和交流能力。他们将通过多媒体教学和在线资源的利用，深入了解不同文化背景下的翻译问题，提升自身的沟通技能。这种全新的教学模式将使学生更好地融入国际社会，拓展视野，加深理解不同文化之间的差异和联系。通过在实际情境中的练习和交流，学生将逐渐提高自己的跨文化交际技能，更好地应对复杂多变的国际交流环境。

总的来说，未来英语翻译教学的发展趋势将更加注重学生的实际需求和实际情境，培养他们在跨文化交流中的翻译技巧和能力。教师将扮演更多的引导和激励角色，为学生提供更加多元化和便捷的学习方式，促进他们在国际社会中更好地融入和交流。这种新的教学模式将为学生打开更广阔的视野，提升他们的综合素质，促使他们成为具备国际竞争力的翻译人才。

英语翻译教学在英语教学中扮演着重要的角色，不仅可以帮助学生更好地理解和掌握英语知识，还可以提高他们的语言运用能力。同时，翻译教学也能够促进英语学习者跨文化交流能力的提升，帮助他们更好地理解和融入外语国家的文化背景。在当今全球化的背景下，英语翻译教学的重要性愈发凸显。虽然英语翻译教学面临着诸多挑战，但也正因为这些挑战，我们才能不断探索和创新，提升翻译教学的质量。对于英语教学来说，有效整合翻译教学是必不可少的一部分，只有将翻译教学与英语教学有机地结合起来，才能让学生真正受益，更好地应对未来的挑战。

在英语教学中，翻译教学的影响力不容忽视。通过翻译教学，学生可以更好地理解和掌握英语知识，提高语言运用能力。同时，翻译教学也有助于促进学生的跨文化交流能力，帮助他们更好地融入外语国家的文化背景。随着全球化的发展，英语翻译教学的地位愈发重要。尽管面临挑战，但正是这些挑战让我们不断探索和创新，提高翻译教学的质量。整合翻译教学到英语教学中是至关重要的一步，只有通过有机结合，才能真正使学生受益，更好地迎接未来的挑战。长远来看，翻译教学不仅仅是一种教学方法，更是一种跨学科综合能力的培养。在这个全球交流日益频繁的时代，掌握翻译技能将会成为学生必不可少的技能之一。因此，我们应该不断探索翻译教学的新模式，不断提高教学水平，以培养更多具备独特竞争力的英语人才。通过翻译教学，我们可以打开学生的视野，激发学生学习外语的兴趣，为他们的未来发展奠定良好的基础。

二、教学方法探讨

当前，大学英语翻译与英语教学研究领域存在着一些研究现状，其中在教学方法探讨方面，以翻译为主导的教学方法备受关注。这种教学方法通过将英语翻译纳入英语教学的过程中，促进学生对英语语言的更深入理解和掌握。与传统的英语教学方法相比，以翻译为主导的教学方法能够更好地激发学生学习的热情，提高他们的学习效果。通过翻译实践，学生可以在应用中不断巩固所学知识，培养语言运用能力。因此，以翻译为主导的教学方法在大学英语翻译与英语教学研究中具有重要意义。

通过以翻译为主导的教学方法，学生能够更好地理解和掌握英语语言。在这种教学方法中，学生通过翻译实践不仅可以加深对英语语法和词汇的理解，还可以提高他们对语言运用的能力。通过翻译的练习，学生会不断地拓展自己的词汇量，并且更加熟练地运用这些词汇来表达自己的想法和观点。

除此之外，以翻译为主导的教学方法还能够帮助学生更好地理解英语文化和习惯。通过翻译的实践，学生可以接触到各种英语语言的使用场合和文化背景，从而更深入地了解英语国家的文化和社会习俗。这对于学生来说是非常有益的，因为在今后的学习和工作中，他们很可能会接触到来自不同文化背景的人，有一定的跨文化沟通能力对于他们的发展将是非常重要的。

总的来说，以翻译为主导的教学方法在大学英语翻译与英语教学研究中具有重要意义。通过这种教学方法，学生不仅能够更好地掌握英语语言和文化，还能够提高他们的学习兴趣和学习效果。因此，我们可以看到，这种教学方法在当前的教学实践中具有着非常重要的地位，对于培养学生的语言能力和跨文化交流能力有着积极的作用。

在当前的大学英语教学中，翻译一直都是一个备受争议的话题。一方面，有人认为翻译是提高学生英语水平的有效途径，可以帮助学生更好地理解和运用英语知识。另一方面，也有人认为翻译会干扰学生的语言学习过程，让他们过分依赖母语，影响英语学习的效果。因此，如何有效整合英语翻译教学与英语教学成为当前研究的焦点之一。

在教学方法方面，传统的大学英语教学注重语法、词汇等基础知识的传授，而忽视了实际运用能力的培养。而结合翻译与英语的教学方法，则可以通过翻译训练提升学生的语言表达能力和交际技能，让他们在实践中更好地掌握英语知识。

因此，我们可以尝试将翻译融入到英语教学中，让学生在翻译的过程中不仅学习到英语知识，还能提高他们的语言运用能力。通过结合翻译与英语的教学方法，可以有效地促进学生的英语学习，让他们更快地掌握英语知识，提高英语表达能力，从而达到更好的教学效果。

在传统的大学英语教学模式中，学生往往只是被灌输大量的语法和词汇知识，却缺乏实际运用英语的机会。这导致了许多学生在面对实际交流时出现了困难，因为他们缺乏对语言真正的理解和掌握。而结合翻译与英语的教学方法，可以帮助学生更好地应对这一挑战。

通过翻译训练，学生不仅可以提升自己的语言表达能力，还能在实践中应用所学知识。翻译作为一种将一种语言转化为另一种语言的过程，可以帮助学生更深入地理解两种语言之间的差异和联系，从而提高他们的语言能力。通过这种整合的教学方法，学生可以通过翻译来加深对英语的理解，同时也可以提高他们的语言运用能力。

在教学过程中，教师可以结合语法和词汇的教学与实际翻译练习，让学生在实践中掌握知识。通过翻译的实践，学生可以更好地理解课文内容，掌握语言表达的技巧，提高自己的交际能力。这种结合翻译与英语的教学方法不仅可以帮助学生更好地学习英语，还可以培养他们的跨文化交流能力。

因此，将翻译融入到英语教学中，不仅可以促进学生的学习兴趣，还可以提高他们的学习效果。通过这种教学方法，学生可以在实践中提高自己的语言能力，更好地应对未来的学习和工作挑战。结合翻译与英语的教学方法无疑是当前英语教学的一个重要方向，将为学生的语言学习带来更多的机遇和挑战。

通过对学生进行针对性的词汇和语法训练，提高其英语语言能力。同时，注重培养学生的跨文化交际能力，加强他们的实践能力和独立思考能力，从而提高他们的翻译水平。通过开展课外阅读和讨论活动，激发学生对英语翻译的兴趣，培养他们的创新精神和综合运用能力。最重要的是，要给予学生足够的实践机会，让他们通过不断地练习和反思，逐渐提升自己的翻译能力。通过这些教学方法的有效整合，可以更好地提高学生的翻译能力，为他们未来的学习和工作打下坚实的基础。

通过以上教学方法的有机整合，我们可以有效提高学生的翻译能力。在教学过程中，我们还可以采用实践案例进行分析和讨论，让学生从实际问题中学习和提高自己的解决问题的能力。同时，引导学生进行独立思考，培养他们的判断力和批判性思维，从而更好地应对翻译过程中的各种挑战。

我们也可以通过多种形式的评价来及时反馈学生的表现，帮助他们发现自己的不足并加以改进。通过定期的测试和评估，可以帮助学生全面了解自己的翻译水平，并设定更具体的学习目标。同时，我们还可以借助新技术，如机器翻译工具和在线语言学习平台，为学生提供更广阔的学习资源和交流平台，帮助他们不断拓展视野，提高学习效率。

第四章　如何有效整合英语翻译教学与英语教学

除了在课堂上进行系统的教学和训练外,我们还鼓励学生参加各类翻译比赛和实践活动,锻炼他们的应变能力和应用能力。通过实践,学生可以更加深入地了解翻译工作的具体要求和挑战,从而更好地提升自己的能力和水平。

总的来说,通过综合运用各种教学方法,结合学生个体差异,我们可以有效提高学生的翻译能力,为他们的未来学习和工作奠定坚实的基础。希望在不断的实践和探索中,我们可以找到更多有效的教学方法,让学生在翻译领域不断成长和进步。

在当前的研究现状中,英语翻译教学和英语教学之间存在着一定的脱节现象。针对这一问题,许多学者通过探讨不同的教学方法来寻求有效整合翻译与英语教学的途径。其中,一些学者提出了多媒体教学法,通过图像、声音等多种方式帮助学生更好地理解和掌握翻译和英语知识。一些学者则提倡任务型教学法,通过设置具体任务,促使学生在实际场景中运用翻译和英语知识,从而达到更好的教学效果。部分学者还建议采用对比教学法,将翻译和英语知识进行对比分析,帮助学生更好地理解两者之间的联系和区别。通过这些不同的教学方法,可以有效地整合翻译与英语教学,提升学生的学习效果,促进他们在翻译领域和英语学习中的进步。

在当前的研究现状中,英语翻译教学和英语教学之间存在着一定的脱节现象。为了缩小这种脱节,学者们应该积极探讨和研究不同的教学方法,以期实现翻译与英语教学的有效整合。除了多媒体教学法、任务型教学法和对比教学法之外,还可以尝试其他的教学策略,比如合作学习法。通过小组合作或伙伴学习,学生可以共同探讨和解决翻译和英语学习中遇到的问题,促进彼此之间的交流和合作,从而提高学习效果。引入实践教学也是一个不错的选择。通过实地考察、模拟情境和角色扮演等方式,学生可以在真实场景中接触和运用翻译和英语知识,从而更加深入地理解和掌握所学知识。个性化教学也是一种有效的手段。教师可以根据学生的不同学习需求和水平,灵活调整教学内容和方法,使每个学生都能够得到个性化的教育,实现个人发展和进步。通过不断尝试和探索不同的教学方法,我们可以更好地整合翻译与英语教学,提升学生的学习效果,为他们的未来发展奠定坚实基础。

三、教学资源建设

近年来,大学英语翻译与英语教学研究取得了一定进展,但在整合英语翻译教学与英语教学方面仍存在诸多挑战。教学资源的建设是关键一环,只有充足的资源才能支撑起这一研究领域的发展。同时,翻译教学资源的整合与利用也显得尤为重要,只有有效地整合和利用这些资源,才能使研究成果得以最大化发挥。在当前的研究现状分析中,我们需要重点关注如何将翻译教学资源进行整合,以及如何更好地利用这些资源,从而推动英语翻译与英语教学的融合发展。

在当前大学英语翻译与英语教学研究的背景下，我们必须认识到资源的整合和利用是至关重要的。翻译教学资源的整合不仅意味着将各种资源有效地结合在一起，更需要考虑到如何最大化地利用这些资源，使其产生最大的效益。在这个过程中，教学资源的建设是不可或缺的，只有不断更新和完善资源，才能满足不断发展的研究需求。

整合翻译教学资源还需要考虑到资源之间的互补性和协同性，以确保资源的有效性和高效性。只有资源之间能够有机地结合，才能更好地支撑起英语翻译与英语教学的融合发展。在整合的过程中，我们还需要关注如何确保资源的质量和有效性，以及如何培养学生对资源的有效利用能力，从而提高他们的学习成效。

在整合和利用翻译教学资源的过程中，我们也需要注重开发和利用新型的教学技术和工具，如网络技术、多媒体教学等，以提高教学效果和学习体验。同时，还需要关注资源的更新和维护工作，以确保资源始终能够适应教学的需求和发展。

总的来说，翻译教学资源的整合与利用是英语翻译与英语教学融合发展的关键环节。只有通过有效地整合和利用各种资源，我们才能推动这一研究领域的不断前进，为学生提供更加丰富和有效的学习体验。

近年来，我国大学英语教学取得了显著的进步，但仍存在一些问题。在英语教学资源的开发与应用方面，我们需要加强研究和整合现有资源，以更好地支持英语教学。教学资源建设是英语教学质量提升的重要途径，因此我们需要不断创新，开发更多适合学生学习的教学资源。通过有效整合英语翻译教学与英语教学，我们可以提高学生的综合能力，促进他们在英语学习中的深入思考和应用。

在研究现状分析的基础上，我们需要深入挖掘教学资源的潜力，发挥其最大的效益。同时，我们还应积极引入前沿技术和教学方法，实现英语教学资源的创新和优化。只有不断推动英语教学资源的发展和应用，我们才能更好地适应时代发展的需求，提高学生的学习效果和英语水平。

总的来看，英语教学资源的开发与应用是一项系统工程，需要我们广泛汇聚力量，共同努力。通过有效整合英语翻译教学与英语教学，我们可以促进学生综合能力的提升，为他们的未来发展奠定坚实基础。希望广大教育工作者能够持续关注和支持英语教学资源的发展，共同努力推动我国大学英语教学事业取得更大的进步和成就。

在当今信息爆炸的时代，英语教学资源的开发与应用显得尤为重要。只有不断更新优化教学资源，引入更加先进的技术和方法，才能更好地激发学生的学习兴趣，培养他们的创造力和思维能力。通过丰富多样的教学资源，可以为学生提供更广阔的学习空间，让他们在不同领域中积累知识，掌握技能，培养综合能力。

除了在课堂教学中引入生动有趣的教学资源，我们还应该注重开发在线学习平台和移动学习应用，为学生提供更加便捷的学习途径。通过多样化的教学资源，学生可以在课外进行自主学习，充分发挥个人潜能，提高学习效率。同时，英语教学资源的创新还需要与学科内容的更新结合，紧跟时代潮流，不断满足学生的学习需求。

作为教育工作者，我们需要不断探索教学资源的发展路径，加大资源的投入和开发力度，提升教学品质和水平。只有坚持持续关注和支持英语教学资源的发展，积极推动教育改革和创新，才能够培养出更多具有国际竞争力的人才。希望在未来的英语教学中，教育工作者们能够团结一心，共同努力，为我国大学英语教学事业注入更多的活力和创造力，取得更加辉煌的成就。

四、教学评估与反馈

学生的翻译水平和英语水平是评估他们学习成果的重要标准。通过有效的评估方法，可以更好地了解学生的语言能力和学习进展，为他们提供个性化的教学反馈和指导。针对学生的翻译能力，可以通过多样化的翻译任务和考核方式来评估其翻译水平，并结合实际情境来考察其英语交流能力。可以结合写作、口语、听力等方面的评估来全面了解学生的英语水平，从而为他们提供更有针对性的教学和指导。通过科学有效的评估方法，可以更好地激发学生学习英语和翻译的积极性，提高他们的学习效果和成绩。

评估学生翻译与英语水平是一项复杂而重要的任务。为了更全面地了解学生的语言能力和学习进展，教师需要灵活运用各种评估方法。对于学生的翻译能力，可以设计不同类型的翻译任务，如口译、笔译以及文本重述等，以考察他们的翻译水平。还可以通过一系列实际情境的模拟来考察学生的英语交流能力，例如角色扮演、听力理解和日常对话等。在评估学生的英语水平时，除了考虑其写作能力外，还应综合考虑口语表达、听力理解和阅读能力等多方面因素，以全面了解学生的语言水平。

为了提高评估的准确性和可靠性，教师还可以结合定期测验、课堂表现和作业评审等方式，从不同角度来评估学生的学习成果。通过及时、有效地反馈和指导，可以激励学生提高学习动力，积极主动地参与到学习过程中。教师还可以根据评估结果，为学生提供个性化的学习计划和辅导方案，帮助他们更好地发展自己的语言技能。

在评估学生翻译与英语水平的过程中，教师还应注重学生的学习体验和情感体验。通过鼓励学生参与各类语言活动和社交互动，可以增强他们的学习动力和兴趣，帮助他们更好地融入到英语学习环境中。综合利用多种评估方法，不断完善评估体系，可以更好地促进学生语言能力的提升，为他们的学习成就提供有效支持。

教学评估与反馈对于学生的学习至关重要，及时准确的反馈可以帮助学生更好地了解自己的学习情况，及时纠正错误，提高学习效果。对于英语翻译和英语教学这两个领域，如何给予学生有效的反馈更是至关重要。在教学过程中，老师需要注意学生在翻译和英语学习中的表现，及时发现问题并给予帮助和指导。通过及时的反馈，可以让学生更好地理解自己的不足，有针对性地改进学习方法，提高学习效果。

教学评估是给予学生反馈的重要手段之一，通过对学生的学习情况进行评估，可以更全面地了解学生的学习状况，及时发现问题。在翻译和英语教学中，老师可以通过作业、考试等方式对学生进行评估，了解他们在翻译技能、英语水平等方面的表现。同时，老师也可以根据评估结果，为学生制定个性化的学习计划，针对性地进行教学。

在给予学生反馈时，老师需要注意方式和方法。及时给予学生反馈是为了让学生更快地了解自己的问题，调整学习方法。反馈可以通过口头或书面形式进行，但无论何种形式，都应当清晰明了，具体指导，帮助学生更好地改进。老师还应该鼓励学生接受反馈，不断改进，不断进步。

在英语翻译与英语教学领域，给予学生及时有效的反馈至关重要。通过教学评估和及时的反馈，可以帮助学生更好地了解自己的学习情况，提高学习效果。作为论文导师，我们应当关注如何有效整合英语翻译教学和英语教学，为学生提供更好的学习体验和教学质量。

通过给予学生及时有效的反馈，可以帮助他们更好地审视自己的学习表现，从而纠正错误，改进方法。这样一来，学生不仅能够增强自信心，还能够提高学习效率。同时，针对学生的不同水平和需求，老师还可以根据评估结果，制定个性化的学习计划，有针对性地进行教学。通过这种方式，不同水平的学生都能够得到适合自己的学习内容和方法，不再感到迷茫和困惑。

除了及时的反馈，老师还应该鼓励学生主动寻求帮助和解决问题的能力。这样不仅培养了他们的独立思考能力，也提高了解决问题的能力。通过与老师的互动和合作，学生可以更好地理解知识点，提高英语水平。因此，在英语翻译和英语教学中，给予学生及时的反馈是至关重要的，可以促进学生的全面发展，提高教学质量。

在论文写作专家的指导下，我们应当不断探索适合学生的教学方法和策略，为他们提供更好的学习体验和更高的学习效果。通过精心设计的学习计划和个性化的指导，学生可以更好地理解和掌握知识，提高英语水平，实现自身的学习目标。在教学过程中，我们应当注重培养学生的学习动力和自主学习能力，引导他们在自我探索中不断进步，成为自信、卓越的学习者。

学生反馈是评价教学效果的重要指标之一，对教师的教学方法和教学内容提出建设性意见，有助于教师不断改进教学，提升教学质量。学生的反馈可以帮助教师深入了解学生的学习需求和学习状态，及时调整教学方法和内容，提高教学效果。通过收集学生反馈，教师可以发现教学中存在的问题和不足之处，及时进行改进，使教学更加贴近学生的需求，提高学习效果。学生反馈也可以激励教师不断探索和创新，提高教学水平，促进教学质量的提升。

教学评估和反馈是教师提高教学质量的重要途径，通过不断收集学生反馈和进行教学评估，教师可以及时了解到自己的教学效果和存在的问题，有针对性地进行教学调整，提高教学质量。教学评估和反馈是教师持续改进的动力和保障，只有不断接受学生的反馈和教学评估，才能不断完善教学内容和方法，提高教学质量，使学生成绩和学习效果得到提升。通过学生反馈和教学评估，教师可以更好地了解学生的学习需求，调整教学内容和方法，提高教学效果和学习质量，实现更好的教学效果。

学生反馈对教学的影响是不可忽视的，它为教师提供了宝贵的参考和反馈。通过学生的反馈，教师可以更好地了解到教学中存在的问题和不足之处，及时进行改进和调整。这种及时的反馈和调整不仅可以提高教学的有效性，也可以增加学习的趣味性和吸引力。而教师的不断改进和创新也可以在一定程度上激励学生，促使他们更积极地参与学习，提高学习的积极性和效果。

教学评估和反馈还可以帮助教师更好地了解学生的学习需求和兴趣，从而个性化地设计教学内容和方法。通过不断地收集学生的反馈和进行教学评估，教师可以有针对性地调整和改进教学，使之更贴近学生的需求和实际情况。这样不仅可以提高学生的学习兴趣和积极性，也可以提高学习的效果和效率。通过不断地改进和调整，教师可以更好地激发学生的学习潜能，促进他们的全面发展。

学生反馈对教学的影响是非常重要的，它可以帮助教师更好地了解到自己的不足和问题，及时进行改进和调整。通过不断地接受学生的反馈和进行教学评估，教师可以提高教学质量，促进教学效果的提升。只有不断地接受反馈和持续改进，教师才能做到与时俱进，提高自己的教学水平，为学生提供更好的教学服务。

教学评估结果的应用与改进是英语教学中至关重要的环节。通过对教学评估结果的分析，可以帮助我们更好地了解学生的学习情况和需求，及时调整教学策略和方法，以提高教学效果。同时，通过应用评估结果，我们还可以发现教学中存在的问题和不足，进一步完善教学内容和方式，为学生提供更加有效的学习体验。通过不断地应用评估结果和改进教学，我们可以不断提升英语教学的质量和水平，实现教育教学的最终目标。

在教学过程中，教师需要紧密关注教学评估结果的反馈，及时对照学生的学习情况进行分析。通过不断地调整教学策略和方法，能够更好地满足学生的学习需求，提高他们的学习兴趣和积极性。同时，教学评估结果也能够帮助我们发现教学中的问题和短板，及时进行调整和改进。通过对教学过程的反思和总结，我们可以进一步完善教学内容和方式，使学生能够得到更加个性化和有效的学习体验。

不仅如此，通过不断地应用评估结果，教师还可以不断提升自身的教学水平和能力。在掌握学生的学习情况和需求的基础上，教师可以更有针对性地设计教学方案，提供更加精准和有效的教学服务。通过与同行和专家的交流和分享，教师可以不断汲取他人的经验和教训，开拓视野，拓展自己的教学思路。通过不断地实践和反思，教师可以逐渐积累经验，提升教学的质量和水平。

总的来说，教学评估结果的应用与改进对于提升英语教学质量至关重要。只有通过不断地分析和应用评估结果，及时调整教学方法和策略，才能更好地满足学生的学习需求，提高教学效果。希望教师们能够重视教学评估结果的应用，不断完善自身的教学能力，为学生提供更加优质的英语学习体验。

第五章　英语教学中的翻译教学策略与方法

第一节　翻译教学的重要性

一、翻译在英语学习中的作用

翻译教学在英语学习中扮演着重要的角色。通过翻译，学生可以更好地理解不同语言、不同文化之间的差异和联系。这种跨文化交流的能力对于提升学生的语言能力和文化素养具有至关重要的作用。翻译教学有助于学生深入理解语言文化，促进他们在学习英语过程中的跨文化交流和理解。在英语教学中，翻译教学是一种非常有效的教学方法，能够帮助学生更好地掌握英语知识和提高他们的语言能力。

通过翻译，学生可以更好地理解英语的语言结构和语言文化，提高他们的语言表达能力和沟通能力。翻译教学不仅有助于学生掌握英语单词和语法知识，还可以帮助他们理解文字背后的文化内涵和语言特点。通过翻译教学，学生可以更好地感受到英语在不同文化背景下的表达方式和语言习惯，培养他们的跨文化交流能力和跨文化理解能力。翻译教学是一种灵活多样的教学方法，可以根据学生的实际情况和学习需求进行灵活调整，满足不同学生的学习需求和提高他们的学习效果。通过翻译教学，学生可以更好地理解英语的实际应用和实际意义，提高他们的语言应用能力和语言交际能力。

通过翻译教学，学生可以更加深入地了解不同文化之间的差异，丰富自己的语言背景和认知视野。在翻译的过程中，学生可以学习到不同语言之间的共性和区别，培养自己的语言感知能力和语言交际技巧。同时，翻译教学也可以激发学生对语言学习的兴趣，促进他们对英语学习的主动性和积极性。

通过翻译教学，学生可以更好地理解英语的实际运用场景和语言规范，提高他们的跨文化交际能力和语言交际技巧。在实际翻译中，学生需要不断思考如何准确表达意思、避免歧义和保持语言流畅，这种训练可以帮助他们在真实交流中更加自信和准确地表达自己的思想和情感。

翻译教学不仅可以帮助学生提高英语水平，还可以促进他们对文学和文化的深入理解和探索。通过翻译文学作品，学生可以感受到不同文化间的交流与碰撞，拓宽自己的文化视野，提升自己的审美情操和文学修养。通过翻译学习，学生可以更好地领悟语言与文化的互动关系，增强对世界多元文化的尊重和包容，培养自己的国际视野和跨文化沟通能力。

翻译教学是一种有效的教学方法，可以帮助学生在语言学习中更加全面地提升自己的语言能力和文化素养，为他们的未来学习和工作打下坚实的基础。

翻译教学在英语学习中的重要性不可低估，它有助于学生更好地理解和运用英语语言，提高他们的语言表达能力。通过翻译，学生可以更深入地掌握英语单词、短语和句子的意义和用法，从而丰富自己的词汇量和语言表达能力。翻译教学不仅有助于学生在英语学习中取得更好的成绩，也可以培养他们跨文化交流的能力，提升综合素质。因此，在英语教学中，翻译教学应被重视并得到更多的应用和探讨。

翻译教学在英语学习中扮演着至关重要的角色，不仅仅是帮助学生更好地理解和运用英语语言。通过翻译，学生可以深入研究英语单词、短语和句子的意义和用法，从而提高他们的词汇量和语言表达能力。除此之外，翻译教学还能够培养学生的跨文化交流能力，帮助他们更好地理解和尊重其他文化。随着全球化的发展，跨文化交流已经成为一个不可或缺的技能，而翻译教学正是培养这种能力的重要途径之一。

翻译教学还可以刺激学生的思维，帮助他们提高解决问题的能力和创造力。通过翻译不同语言之间的差异和联系，学生可以更好地理解各种语言结构和表达方式，进而提升他们的综合素质。翻译教学能够激发学生学习英语的兴趣，让他们更主动地参与到课堂教学中，提高学习效果。

总的来说，在英语教学中，翻译教学的重要性不言而喻。它既可以帮助学生更好地掌握英语语言，也可以培养他们跨文化交流的能力和创造力。因此，我们应该重视翻译教学，给予更多的应用和探讨，以促进学生在英语学习中取得更好的成绩，培养更全面的素质。

二、翻译教学的目标与需求

翻译教学在大学英语教学中的重要性不言而喻。通过翻译教学，可以帮助学生更好地理解并掌握英语，提高他们的语言运用能力。同时，翻译教学也能够培养学生的跨文化交流能力，帮助他们更好地融入国际社会，实现跨文化交流的目标。在当今全球化的背景下，培养学生跨文化交流能力显得格外重要，而翻译教学正是实现这一目标的有效途径。通过翻译教学，学生不仅可以提高英语水平，还可以更好地理解并尊重不同文化背景下的说法和观点，从而增进与他人的沟通和交流能力。毫无疑问，翻译教学在大学英语教学中具有不可替代的重要性，它不仅能够满足学生对语言学习的需求，更能够促进跨文化交流的发展，为培养具有国际视野和跨文化交流能力的人才打下坚实基础。

在现今全球化的背景下，学生需要具备跨文化交流能力以更好地适应多元化的社会环境。翻译教学不仅仅是传授语言知识，更是一种促进不同文化之间互相理解和尊重的工具。通过翻译教学，学生可以学习到不同国家和地区的文化背景，了解他们的思维方式和价值观。这种跨文化交流的能力不仅有助于加深个人对世界的认识，还可以拓展学生的视野，激发他们探究和接纳不同文化的兴趣。

在大学英语教学中，翻译教学还可以帮助学生提高语言表达能力和沟通技巧。通过不断地翻译和练习，学生可以培养自己灵活运用语言的能力，提升口语表达的流利程度。同时，翻译教学也可以帮助学生更好地理解英语语言的语法结构和语境使用，从而提高他们的写作水平和阅读理解能力。通过翻译的练习，学生可以渐渐地掌握语言的精准运用，使他们在跨文化交流中表达更为清晰和准确。

总的来说，翻译教学在大学英语教学中具有不可替代的重要性。不仅可以帮助学生提高语言能力，更可以促进跨文化交流的发展，为他们未来的国际交流和合作打下坚实的基础。通过持续不断地学习和实践，学生可以逐渐提升自己的跨文化交流能力，成为具有国际视野和广泛交际能力的优秀人才。愿每个学生在翻译教学的指导下，不断成长、不断进步，走向更加美好的未来。

翻译教学在大学英语教学中具有重要意义。其目标是培养学生对英语语言的准确理解与运用，提高他们的语言表达能力。通过翻译教学，学生能够更好地理解英语文本，提升语言表达的准确性和流畅性。这对于他们未来的学习和工作都具有积极作用。因此，翻译教学是不可或缺的一部分，需要在英语教学中得到充分重视和应用。

翻译教学在大学英语教学中的重要性无可否认。通过翻译教学，学生不仅可以更好地理解英语文本，提高语言表达的准确性和流畅性，还可以培养他们对英语语言的深刻理解和灵活运用能力。在翻译实践中，学生会逐渐掌握各类语言结构和表达方式，并从中感受到语言的细微差别和文化背景的影响。这种深入的语言体验不仅丰富了学生的语言学习过程，也促进了他们对不同文化间的交流和理解。

翻译教学还可以锻炼学生的逻辑思维和表达能力。在翻译过程中，学生需要对信息进行整合和重组，准确传达原文的含义。这种训练不仅提高了学生的语言表达能力，还培养了他们的思维敏捷性和逻辑推理能力。随着对语言的更深入了解和运用，学生的表达能力和思维能力也会得到有效提升。

总的来说，翻译教学在大学英语教学中功不可没。它不仅有助于学生的语言学习和交流能力的提升，还为他们未来的学术和职业发展奠定了坚实的基础。因此，我们应该充分重视翻译教学在英语教学中的作用，鼓励学生积极参与其中，不断提升自己的语言表达水平和思维能力。只有这样，才能更好地应对未来的挑战和竞争，实现个人的发展目标。

三、翻译教学的原则与方法

翻译教学在大学英语教学中扮演着至关重要的角色。重视语言转换的准确性，是提高学生英语水平和语言运用能力的必经之路。为了确保翻译教学的有效性和高效性，我们需要遵循一定的原则和方法。通过合理的策略和方法，可以帮助学生更好地理解英语语言文化，提升其英语水平和交流能力。翻译教学不仅可以帮助学生提高英语翻译能力，还可以增强他们的语言运用能力和跨文化交际能力。在实践中，我们应该注重语言转换的准确性，确保翻译结果符合原文的语境和含义。通过翻译教学，学生可以更好地理解和应用英语知识，提升他们的语言能力和文化素养。翻译教学是提高学生英语综合能力和交流能力的有效途径，对于大学英语教学具有重要意义。

在大学英语教学中，翻译教学所扮演的重要角色是无可替代的。通过翻译的练习，学生可以更好地理解和运用英语语言和文化。在教学过程中，我们应该注重语言转换的准确性，确保学生能够准确地理解和表达原文的含义。为了达到这个目标，教师可以采取一些有效的策略和方法。比如，可以通过阅读原文进行理解，分析语言结构和语境，然后进行逐句翻译和比对，确保翻译结果符合原文的语境和逻辑。教师还可以组织学生进行实践演练，让他们在实际情境中进行翻译练习，提升他们的语言应用能力。通过这些努力，学生不仅可以提高英语翻译能力，还可以增强他们的语言运用能力和跨文化交际能力。同时，翻译教学也可以帮助学生扩大英语知识面，提高他们的文化素养。总的来说，翻译教学是一个促进学生英语综合能力和交流能力提升的有效途径，对于大学英语教学具有重要意义。希望通过我们的努力，学生们可以在翻译教学中不断提升自己的英语水平，更好地适应未来的学习和工作环境。

在大学英语教学中，翻译教学扮演着重要的角色。通过翻译教学，学生不仅可以提高英语水平，更能够在实际运用中灵活运用所学知识。因此，在英语教学中，我们需要注重语言学习与实际运用的结合，通过合理的教学方法和策略，帮助学生更好地掌握英语知识，提高他们的英语表达能力。通过翻译教学，学生能够更好地理解英语语言的文化背景和语言习惯，从而提升他们的语言综合能力。在翻译教学中，我们需要遵循一定的原则和方法，激发学生的学习兴趣，引导他们主动参与到语言学习中，从而更好地运用所学知识。通过语言学习与实际运用的结合，可以帮助学生更好地应用所学知识，提高他们的语言表达能力，为他们未来的学习和工作打下坚实的基础。

在大学英语教学中，除了翻译教学，语言学习与实际运用的结合还可以通过其他方式实现。比如，在课堂上引入真实场景对话模拟，让学生在模仿真实对话的同时掌握语言表达的技巧和语境运用。通过阅读各种实际应用文本并进行讨论，可以帮助学生更快地理解并掌握语言知识。利用多媒体技术和互动式学习平台，让学生在实践中熟练运用英语，不仅增加了学习的趣味性，更能够提高语言的应用能力。

除了课堂教学，学校还可以开设语言实践活动，如英语演讲比赛、英语角等，让学生有机会在实际场景中运用所学语言知识，提升他们的表达能力和自信心。同时，学校也可邀请外教或开展国际交流项目，让学生接触到更广泛的语言文化，拓展他们的视野和语言运用范围。

在英语教学中，教师应注重培养学生的自主学习能力和实践能力，引导他们在实际运用中不断总结经验、不断提升能力。通过这种方式，学生不仅能够更好地掌握英语知识，更能够在未来的学习和工作中运用自如，为他们的个人发展打下坚实的基础。语言学习与实际运用的结合，是英语教学中不可或缺的一环，只有通过实际操作和实践经验的积累，学生才能真正提高他们的语言表达能力，让所学知识得以落地生根。

第二节　传统翻译教学方法

一、文本翻译

翻译教学在大学英语教学中占据着重要地位，它能够帮助学生有效地掌握英语语言知识与应用能力。传统的翻译教学方法包括文本翻译和逐句翻译，这些方法有助于提高学生的语言表达能力和理解能力。在翻译教学中，遵循一定的原则和方法是必不可少的。因此，研究翻译教学的策略与方法对于提高大学生的英语教学质量具有积极的意义。

在翻译教学中，逐句翻译是一种重要的技巧，它可以帮助学生更好地理解文本，并准确地传达文本的意思。逐句翻译不仅可以提高学生的翻译水平，还可以增强他们的语言表达能力和阅读理解能力。通过逐句翻译，学生能够逐步掌握不同句型和语法结构，提高他们的语言运用能力。

在翻译教学中，重视文本翻译和逐句翻译是非常必要的。通过文本翻译，学生可以了解文本整体的意思和结构，培养他们对整体意义的把握能力。而逐句翻译则更加注重对细节的理解和分析，让学生逐句逐句地翻译，从而准确地表达文本的含义。

同时，在翻译教学中，教师的引导和指导也起着至关重要的作用。教师需要结合学生的实际情况，设计有针对性的教学内容和方法，引导学生在翻译过程中积累经验，提高翻译水平。多样化的教学手段和活动也可以激发学生的学习兴趣，帮助他们更好地掌握翻译技巧。

总的来说，翻译教学在大学英语教学中扮演着重要的角色，逐句翻译作为其中的一种方法，具有不可替代的作用。通过逐句翻译的练习，学生能够逐渐提高自己的翻译能力，更好地应用英语语言知识，实现语言目标的有效传达。因此，借助逐句翻译这一方法，可以有效提高大学生的英语教学质量，帮助他们在英语学习中取得更好的成绩。

在大学英语翻译与英语教学研究中，翻译教学的重要性不可忽视。翻译教学涉及到英语学习的各个方面，是提高学生英语综合能力的重要途径之一。在传统翻译教学方法中，文本翻译是一种常用的方式，通过翻译不同类型的文本，学生可以提高词汇量和语法知识，同时培养语言表达能力。理解文化背景对翻译教学也至关重要。通过了解英语国家的文化传统和习俗，学生可以更好地理解和翻译文本，同时也可以增进对英语国家的文化了解和交流。在教学中，应根据翻译教学的原则和方法，设计合适的教学策略，引导学生进行有效的翻译实践，从而提高他们的英语水平和跨文化交际能力。

在进行文化背景理解的过程中，学生不仅可以提高自己的翻译能力，还能更深入地了解英语国家的文化差异。通过研究英语国家的文化传统和习俗，学生可以更准确地理解文本背后隐藏的文化内涵，进而更加准确地翻译出原文的意思。这种文化背景的理解还可以帮助学生更好地适应跨文化交流的环境，从而提高他们的跨文化交际能力。

在翻译教学中，除了培养学生的语言表达能力外，还应该注重对文化背景的教育。学生应该学习如何在翻译过程中考虑到文化差异对翻译结果的影响，避免因文化误解导致翻译错误。因此，在设计教学策略时，教师应该引导学生通过阅读英语国家的文学作品、观看英语国家的电影等方式来增进对英语国家文化的了解，为他们的翻译工作提供更加丰富的文化知识储备。

翻译教学还应该注重培养学生的跨文化交际能力。通过参与不同文化背景的讨论和交流活动，学生可以更好地理解并尊重他人的文化观念，提高他们在跨文化交际中的应变能力和沟通技巧。因此，教师在引导学生进行翻译实践的同时，也应该注重培养他们的跨文化交际意识和技能，使他们在未来的跨文化交际中能够更加游刃有余。

二、口译翻译

训练口译能力是翻译教学中的重要环节，通过系统的口译训练，可以帮助学生提高口译能力，提高翻译的准确性和流畅度。口译训练主要包括听力训练、口译实践、口语表达等方面，通过这些训练可以提高学生的语言理解能力和口头表达能力，使其在实际口译工作中更加游刃有余。口译训练还可以帮助学生建立起正确的语言思维模式，培养学生的专业素养和跨文化交流能力，提高学生在翻译工作中的综合素质。通过口译训练，学生可以更好地适应翻译工作的要求，提高翻译能力，为将来从事翻译工作打下坚实的基础。

训练口译能力是翻译教学中至关重要的一环。通过系统的口译训练，学生可以在口译能力上获得大幅提升，进而提高翻译质量和流畅度。口译训练主要包括听力训练、口译实践和口语表达等多方面，通过这些训练，学生能够不断提升语言理解能力和口头表达能力，使其在实际口译工作中游刃有余。

除此之外，口译训练还有助于学生建立正确的语言思维模式，培养专业素养和跨文化交流能力，提升学生在翻译工作中的综合素质。通过口译训练，学生可以更好地适应翻译工作的要求，提高翻译能力，从而为未来的翻译工作打下坚实的基础。

口译训练不仅仅是简单的语言训练，更是一种全方位的能力提升。在口译训练中，学生需要不断练习不同领域的专业术语和惯用语，提高自己的知识水平和应变能力。同时，口译训练也需要学生具备良好的心理素质，如沉着冷静、应对突发事件的能力等，这不仅可以提高口译的准确性和流畅度，还能为学生在高压环境下工作提供帮助。

总的来说，通过系统的口译训练，学生可以全面提升自己的口译能力，为将来在翻译领域取得更大的成就奠定坚实的基础。只有不断地进行口译训练，才能更好地适应翻译行业的发展变化，实现自身的职业目标。

在大学英语教学中，翻译教学是至关重要的。翻译教学既可以提高学生的语言水平，也可以增强他们的跨文化交际能力。在进行翻译教学时，我们需要遵循一定的原则和方法，以确保教学的有效性和高效性。传统的翻译教学方法包括口译翻译，这是一种直接将一种语言翻译成另一种语言的方式。多元语言的应用也变得越来越重要，这有助于学生更好地理解不同语言和文化之间的联系。

在大学英语教学中，翻译教学的重要性不言而喻。除了口译翻译这种传统方法外，多元语言的应用也开始引起更多关注。通过在教学中引入多种语言，可以帮助学生更好地理解不同文化之间的联系，拓展他们的视野。在教学实践中，教师可以通过设计丰富多彩的翻译作业，激发学生学习英语的兴趣和积极性。同时，利用多元语言的教学方法，可以鼓励学生创造性地运用所学语言，提高他们的语言表达能力。

多元语言的应用不仅仅可以提高学生的语言水平，还可以拓展他们的跨文化交际能力。在现代社会，人们之间的跨文化交流变得越来越频繁，因此培养学生跨文化交际能力显得尤为重要。通过多元语言的应用，学生可以更深入地了解不同语言的特点和文化内涵，从而更好地适应多样化的交际场景。多元语言的应用也有助于学生培养批判性思维能力，加强对语言和文化的认知和理解。

因此，引入多元语言的应用成为当今大学英语教学的重要趋势之一。通过创新教学方式，提升教学质量，可以更好地激发学生学习英语的热情，培养他们的跨文化交际能力，为其未来的发展打下坚实的基础。在今后的教学实践中，我们应不断总结经验，不断探索创新，为学生提供更加丰富多彩的学习体验，使其受益终身。

翻译技巧的训练对于大学英语翻译与英语教学研究具有重要意义。传统翻译教学方法中，口译翻译是一种重要的技能。在翻译教学的原则与方法中，翻译技巧的训练是必不可少的一部分。通过对翻译技巧的训练，学生可以提高自己的翻译水平，更好地理解和表达外语文本，从而更好地进行英语教学。因此，翻译技巧的训练在大学英语翻译与英语教学研究中具有重要意义。

通过翻译技巧的训练，学生可以更加熟练地应用所学知识，更准确地理解和传达外语文本的意思。这不仅对于提高学生的英语翻译水平有着重要作用，也能够提升他们的英语教学能力。在传统的翻译教学方法中，口译翻译不仅是考察学生语言能力的一种方式，更是培养他们翻译技巧的重要手段。通过不断地练习，学生可以逐渐掌握各种翻译技巧，如同义替换、结构调整等，使其翻译作品更具准确性和流畅性。

翻译技巧的训练不仅仅是为了提高学生的翻译水平，更是为了培养他们的英语思维和表达能力。在进行翻译过程中，学生需要不断地思考如何准确地表达文本的意思，这对于他们的语言学习和思维能力有着积极的促进作用。通过翻译技巧的训练，学生可以逐渐提高他们的语感和语言表达能力，更好地适应英语教学和翻译工作的需要。

总的来说，翻译技巧的训练对于大学英语翻译与英语教学研究的重要性不言而喻。通过不断地练习和探索，学生可以逐渐掌握各种翻译技巧，提高自己的翻译水平，更好地理解和表达外语文本，从而为将来的英语教学和翻译工作奠定良好的基础。在翻译技巧的训练中，教师的指导和启发至关重要，他们应该引导学生积极参与翻译活动，不断探索和实践，提高他们的翻译水平和认知能力。

实际语境的模拟可以帮助学生更好地理解和应用翻译技巧，提高实际应用能力。通过在真实情境下模拟翻译，学生可以更好地掌握语言表达的技巧，同时也能够增加对不同语言和文化之间的理解。这种实际语境的模拟不仅可以使学生的翻译能力得到提升，更能够培养学生的跨文化交流能力和应变能力。

实际语境的模拟是非常重要的，因为它能够帮助学生在翻译过程中更好地理解和应用翻译技巧。通过在真实情境下模拟翻译，学生可以更好地掌握语言表达的技巧，从而提高他们的实际应用能力。在这种模拟中，学生不仅需要考虑语言的准确传达，还需要考虑到文化背景和语境的影响，这将为他们的跨文化交流能力提供锻炼。在模拟中遇到的各种挑战也能够帮助学生培养应变能力和解决问题的能力，使他们在实际的翻译工作中能够更加灵活和高效地应对各种情况。通过不断进行实际语境的模拟，学生的翻译水平将不断提升，他们也将更加深入地理解不同语言和文化之间的差异，从而为他们的未来职业发展打下坚实的基础。

三、书面翻译

翻译技巧的培养是大学英语翻译与英语教学研究中至关重要的一环。通过传统的翻译教学方法，特别是书面翻译的实践，学生能够逐渐掌握翻译技巧的基本要领。在这个过程中，教师需要遵循一定的原则与方法，引导学生正确地理解和运用翻译技巧。因此，翻译技巧的培养是英语教学中不可或缺的一部分。

翻译技巧的培养是一项需持续努力的工作。在大学英语翻译与英语教学中，学生需要通过不断的实践和反复训练才能真正掌握翻译技巧。除了传统的翻译教学方法外，学生还可以通过参与实际项目或者模拟情景来提高翻译能力。在这个过程中，教师起着至关重要的作用，他们需要根据学生的实际情况和水平制定相应的培养计划，引导他们不断地提升翻译技巧。

在翻译技巧的培养过程中，学生需要注重细节，善于总结经验，不断改进自己的翻译方法和策略。同时，他们还需要拓展视野，积累丰富的词汇和知识，这可以帮助他们更准确地把握原文的含义，并将其准确地表达出来。除了语言能力外，文化素养也是翻译技巧培养中不可或缺的一部分。只有深入了解原文所处的语言和文化背景，才能做到恰如其分地表达出来。

在翻译技巧的培养中，学生还需要不断提高自身的跨文化交际能力，熟悉各类文本的特点和表达方式。这样才能在翻译过程中做到信达雅，确保译文的准确性和流畅性。翻译技巧的培养是一个长期而艰巨的过程，需要学生和教师共同努力，才能取得良好的翻译效果。

翻译教学在大学英语教学中扮演着重要的角色，它有助于提高学生的语言能力和跨文化沟通能力。传统的翻译教学方法包括书面翻译和口译翻译两种。在翻译过程中，学生需要准确理解和翻译专业术语，这对他们的语言水平和专业知识都是一种挑战。因此，在翻译教学中，需要遵循一定的原则和方法，以确保学生能够准确、流畅地进行翻译工作。翻译教学不仅是一种学习语言的方式，更是一种培养学生综合能力的有效手段。

在大学英语教学中，专业术语的翻译是非常关键的一环。通过翻译教学，学生可以更好地理解和掌握专业知识，提升自己的语言表达能力和跨文化交流能力。专业术语的翻译要求学生具备丰富的词汇量和严谨的逻辑思维能力，只有这样才能确保翻译的准确性和流畅性。在传统的翻译教学方法中，书面翻译和口译翻译各有其独特的挑战，需要学生在实践中不断提升自己。在翻译过程中，学生需要注重专业术语的准确理解和准确传达，这对他们的专业素养和翻译能力是一个很好的锻炼。因此，翻译教学需要精心设计教学内容和方法，引导学生不断提高自身的综合能力。通过翻译教学，学生可以在实践中不断巩固语言知识，提升自己的综合素质，为将来的学术研究和职业生涯打下坚实的基础。翻译教学不仅是一种学习语言的方式，更是一种培养学生综合能力的有效途径，有助于学生更好地适应未来的挑战和机遇。

在大学英语教学中，翻译教学起着至关重要的作用。翻译教学的原则与方法是关键，传统的翻译教学方法仍然被广泛采用。其中，书面翻译是一种常见的教学形式，通过这种方式，学生能够运用多样化语言表达的应用，提高自己的翻译能力。通过翻译教学，学生不仅可以提升自己的语言水平，还可以更好地理解和应用英语教学中的各种策略与方法。因此，翻译教学在大学英语教学中具有不可替代的地位。

在大学英语教学中，多样化语言表达的应用是至关重要的。通过多样化语言表达的应用，学生可以更好地拓展自己的词汇量，提高语言表达的灵活性。在现代社会中，交流变得越来越频繁，而良好的语言表达能力可以帮助学生更好地融入社会，与他人交流互动。通过多样化语言表达的应用，学生可以更好地理解不同文化背景下的思维方式，促进跨文化交流及理解。多样化语言表达的应用也可以帮助学生更好地理解文学作品，提高阅读理解能力。

除了书面翻译，口语翻译也是一种重要的教学形式。通过口语翻译，学生可以更好地锻炼自己的口语表达能力，提高英语口语沟通的效果。口语翻译可以使学生更快速地掌握语言表达的技巧，更流利地表达自己的想法。因此，在大学英语教学中，不仅需要注重书面翻译的训练，还需要加强口语翻译的实践。

多样化语言表达的应用对于大学英语教学至关重要。通过多样化语言表达的应用，学生不仅可以提高自己的语言能力，还可以更好地适应社会的发展需求。多样化语言表达的应用不仅是提高翻译能力的重要手段，更是促进学生全面发展的有效途径。在未来的英语教学中，应该更加重视多样化语言表达的应用，为学生的成长和发展提供更好的支持。

翻译质量的评估是翻译教学中至关重要的环节。评估翻译质量可以帮助学生及时了解自己的翻译水平，指导他们进行必要的改进，提高翻译能力。同时，评估也是教师及时发现学生在翻译过程中存在的问题，帮助他们进行针对性的指导和辅导。在评估翻译质量时，教师可以从词汇、语法、语义、结构等多个方面进行考察，全面评价学生的翻译水平。同时，考虑到翻译是一项综合性的语言能力，评估翻译质量还需要注重文化、逻辑、表达等方面的准确性和流畅性。通过评估翻译质量，可以促进学生全面提升翻译能力，达到更高水平的翻译水准。

评估翻译质量是提高翻译教学效果的重要手段之一。在评估中，教师可以通过指导学生对翻译作品进行自我评审和互评，帮助他们发现自身不足之处并加以改进。通过及时的反馈和指导，学生可以更好地掌握翻译技巧，提高翻译水平。

评估翻译质量也有助于教师了解学生在翻译过程中的特点和问题，为个性化的教学提供了依据。教师可以根据学生的表现制定针对性的教学计划，引导他们在词汇、语法、语义等方面有针对性的提升。通过对学生翻译作品的分析和评价，教师可以更好地帮助他们建立正确的翻译观念和方法。

评估翻译质量还可以激发学生的学习兴趣和积极性。通过不断的评估和反馈，学生可以感受到自身进步和成长，增强自信心。他们将更加努力地去学习和实践，不断提高自己的翻译能力。

评估翻译质量是翻译教学中不可或缺的一环。通过评估，可以帮助学生全面提升翻译能力，促进他们达到更高水平的翻译水准。同时，也可以帮助教师更好地开展教学工作，实现教学目标的有效达成。愿评估翻译质量成为教学过程中的常态，助力学生在翻译领域取得更大的成就。

第三节　现代翻译教学方法

一、语境翻译

语境的重要性在翻译教学中具有关键作用。传统翻译教学更注重语言的准确性和翻译技巧，而现代翻译教学强调语境的理解和运用。在翻译过程中，只有深入了解语境，才能准确表达原文意思。因此，语境翻译方法逐渐成为翻译教学的主流。通过对语境的分析和理解，学生能更好地把握原文语境，准确理解原文含义，并将其转化为自然流畅的译文。在现代翻译教学中，培养学生的语言运用能力和文化意识是至关重要的，而这些都离不开对语境的深入解读和运用。因此，语境的重要性在翻译教学中不可忽视。

在翻译教学中，语境的重要性不仅仅是理解原文意思的关键，更是提高翻译质量的重要途径。通过对语境的分析和把握，翻译人员能够更准确地理解原文的含义，避免出现歧义和误译。在现代社会，语言是文化的载体，而语境则是语言的背景和环境。只有深入了解原文所处的语境，翻译人员才能真正领会其中蕴含的文化内涵，准确传达原作者的思想和情感。

在翻译教学中，注重培养学生的语言运用能力和文化意识是至关重要的。学生需要通过对语境的深入解读和运用，锻炼自己的翻译技能，提高翻译水平。只有在这样的教学理念下，学生才能真正做到准确表达、自然流畅，使译文更具有原汁原味的品质。因此，语境的重要性在翻译教学中不可被忽视，它是提高翻译质量和培养优秀翻译人才的重要保障。

值得注意的是，语境的重要性并不仅局限于翻译教学中，实际上，在日常交流和沟通中，我们也需要不断关注和理解语境。只有在正确的语境下表达自己的观点，才能避免产生误解和歧义，使沟通更加畅通、有效。因此，无论是在翻译领域还是日常生活中，我们都应该认识到语境的重要性，不断加强对语境的理解和运用，以提高沟通效果和表达准确性。

翻译教学在大学英语教学中占据着重要地位，不仅可以帮助学生掌握英语语言的表达技巧，还可以培养学生跨文化沟通能力。传统的翻译教学方法主要以书面翻译为主，但随着时代的变迁，现代翻译教学方法也逐渐受到重视，特别是语境翻译的应用。通过翻译教学，学生可以更好地理解不同语言和文化之间的差异，从而提升自身的跨文化沟通能力。因此，翻译教学不仅是为了教授学生翻译技巧，更是为了培养他们成为具有丰富跨文化交流经验的人才。

在当今全球化的背景下，跨文化沟通能力已经成为当代大学生必备的一项重要素质。而翻译教学作为培养学生跨文化沟通能力的有效手段，具有着不可替代的作用。通过翻译教学，学生不仅可以提升自己的翻译水平，更可以增进对不同语言和文化的理解。在传统的翻译教学中，重视书面翻译的训练，可以让学生准确把握语言细节和表达技巧；而现代翻译教学方法更注重语境翻译的应用，让学生更加注重上下文的理解和背景知识的积累。

跨文化沟通能力的培养不仅需要学生具备良好的语言基础和翻译技巧，更需要他们具备广泛的文化视野和敏锐的文化洞察力。通过翻译教学，学生不仅可以学习到不同国家和地区的语言特点和翻译技巧，更可以感受不同文化之间的碰撞和交流。在实际的翻译实践中，学生需要不断地调整自己的语言表达方式，理解他国文化的底蕴和背景，从而更好地传递信息和展现自己的立场。通过这样的实践，学生能够培养自己的跨文化交流技能，不断提升自己的沟通能力和交流效果。

因此，翻译教学不仅是为了培养学生的翻译能力，更是为了培养他们成为具有跨文化沟通能力的综合型人才。通过翻译教学的实践，学生能够更好地理解和融入不同文化之间，为未来的国际交流和合作打下坚实的基础。希望在不久的将来，我们能够见到更多具有跨文化沟通能力的人才涌现，为世界和平与友谊做出更大的贡献。

在大学英语教学中，翻译教学扮演着重要的角色。在传统的教学方法中，书面翻译一直是主要的手段之一。然而，在现代的教学方法中，更加注重语境翻译，以更好地帮助学生理解和运用英语。同时，随着技术的发展，教学中也逐渐开始应用各种技术支持的工具和方法，为学生的翻译学习提供更多的帮助和资源。

在大学英语教学中，翻译教学是至关重要的。传统的书面翻译方法虽然有效，但现代教学方法更注重语境翻译的应用。通过语境翻译，学生可以更好地理解和运用英语。随着技术的进步，教学中引入了各种技术支持的工具和方法。例如，通过在线词典和翻译软件，学生可以快速准确地翻译句子和单词，节省了大量时间。同时，虚拟现实和人工智能技术的应用，为学生提供了更真实、更生动的学习体验。这些技术支持不仅帮助学生提升翻译能力，还使他们更容易掌握英语语言的语境和细节。通过技术支持的应用，翻译教学变得更加高效和便捷，为学生提供了更多的学习资源和机会。因此，在教学中，充分利用技术支持的工具和方法，对于提升学生的翻译水平和英语能力是至关重要的。

在大学英语教学中，翻译教学扮演着至关重要的角色。传统的翻译教学方法主要侧重于书面翻译，而现代翻译教学方法则更加强调语境翻译。通过实践和反馈，学生能够更好地掌握翻译技巧和策略，提高他们的英语水平。翻译教学的原则和方法需要不断地更新和改进，以适应当今多样化的英语教学需求。

在大学英语教学中，翻译教学一直是一个至关重要的组成部分。从传统的侧重于书面翻译到现代更强调语境翻译的方法，教学策略不断更新与改进。通过实践和反馈，学生们能够更好地掌握翻译技巧和策略，提高他们的英语水平。除了提供学生们在课堂上的练习和训练之外，教师们还应该鼓励学生们积极参与实践活动。这些实践活动可以是翻译论文、口译演练、甚至是参加翻译比赛，让学生们在实践中不断提升自己的翻译能力。

反馈也是至关重要的一环。学生们在实践翻译过程中，需要及时得到教师的反馈和指导。教师们应该针对学生们在翻译过程中可能存在的问题和错误给予具体的指导和建议，帮助他们及时纠正错误，提高翻译质量。除了教师的反馈，学生们还可以通过互相之间的交流和讨论，共同提高翻译水平。

翻译教学的原则和方法需要与时俱进，不断更新和改进，以适应当今多样化的英语教学需求。通过不断地实践和反馈，学生们能够更好地掌握翻译技巧和策略，提高他们的英语能力，为今后的学习和工作打下坚实的基础。

二、视频翻译教学

视觉化翻译就是通过视觉手段来辅助翻译的过程，可以帮助学生更直观地理解原文的含义。这种方法在教学中具有独特的优势，有助于提高学生的翻译能力和理解能力。同时，视觉化翻译也可以增加学生的学习兴趣，提高他们对翻译教学的积极性。在现代教学中，视觉化翻译已经成为一种流行的教学方法，受到越来越多教师和学生的关注和推崇。

在现代教学中，视觉化翻译不仅是一种教学方法，更是一种引领学习的新思维方式。

通过视觉手段，学生可以在感知和认知上得到全方位的提升，不再仅仅依赖文字的传达。视觉化翻译让学生在翻译的过程中，可以通过图像、图表等形式更加生动直观地表达出原文的含义，使得翻译不再枯燥乏味，而是变得更加有趣。在这个过程中，学生可以通过观察、比较、分析图像来理解原文，从而提升他们的翻译能力和理解能力。

视觉化翻译的受欢迎并非偶然，它不仅可以使学习更有趣、更容易导入学习状态，同时也可以激发学生的学习积极性，提高他们对翻译教学的主动参与度。通过视觉化呈现，学生可以更加直观地感知和理解原文的信息，从而更好地掌握翻译技巧和方法。这种交互式的学习方式，让学生在实践中不断提升翻译的技能，同时也增加了对于翻译教学的兴趣和热情。

在现代社会中，信息量不断爆炸，传统的翻译教学方式已经无法满足学生对于知识的获取和理解。视觉化翻译作为一种新兴的教学方式，不仅使得翻译更具有创造性和趣味性，同时也让学生在不知不觉中提升了自己的翻译水平。随着时间的推移，相信视觉化翻译会成为未来翻译教学的主流，为更多学生带来更好的学习体验和效果。

杂志文章翻译是大学英语教学中的重要一环。随着全球化进程的加速，英语作为国际交流的重要工具，对于学生来说，掌握英语翻译技能是必不可少的。杂志文章翻译不仅能够帮助学生提升英语水平，还能够帮助他们了解不同文化背景下的思维模式和表达方式。

在进行杂志文章翻译时，学生可能会遇到各种各样的问题。文化差异是一个重要的挑战，因为不同文化的语言表达方式和习惯有所不同，有些词汇甚至无法直接翻译。语言风格的不同也是一个挑战，不同的作者可能有着不同的写作风格，学生需要学会根据上下文和语境恰当地选择翻译方法和词汇。

杂志文章翻译还需要考虑到专业术语的翻译。有些杂志文章可能涉及到专业领域的知识，学生需要具备相应的专业知识才能准确理解和翻译这些术语。还需要注意文章的语法结构和逻辑表达，以确保翻译的准确性和流畅性。

在面对种种挑战时，学生可以通过不断练习和积累经验来提升翻译能力。同时，可以借助一些翻译工具和参考资料，如在线词典、翻译软件等，来辅助翻译过程。多加关注和参与相关讨论和活动，可以拓宽视野，提升对不同文化和语言的理解能力。

杂志文章翻译是大学英语教学中的重要组成部分，学生需要不断提升翻译能力，以便更好地理解和表达英语文本，同时也能够更好地融入国际化的环境中。虽然翻译过程可能会面临各种挑战，但只有不断尝试和积累经验，才能逐渐提高翻译水平，成为一名优秀的英语翻译者。

在面对这些挑战的过程中，学生们需要持续努力，不断提高自己的翻译技能。除了练习和积累经验，他们还可以利用各种翻译工具和参考资料来辅助自己的翻译工作。同时，积极参与相关讨论和活动也是提升翻译能力的重要途径之一。

在不断改进翻译技巧的过程中，学生们可以拓宽自己的视野，提升自己对不同文化和语言的理解能力。这种跨文化的交流和学习不仅有助于提高翻译质量，同时也有助于他们更好地融入国际化的环境中，拓展自己的国际视野。

尽管翻译过程可能会遇到各种困难和挑战，但只有不断尝试和积累经验，才能真正提升自己的翻译水平。随着时间的推移，他们会逐渐意识到翻译是一门需要不断学习和提高的艺术，只有坚持下去，才能成为一名优秀的英语翻译者，为自己的翻译事业描绘出更加辉煌的未来。

为了全面提升学生的语言技能，包括听、说、读、写，英语教学需要不断创新教学方法和策略。目前的英语教学存在一些问题和不足，比如教学内容过于枯燥、缺乏足够的互动和实践机会，导致学生的学习兴趣不高；对于不同类型学生的差异化教学需求没有得到充分关注，导致一些学生在语言技能的发展过程中遇到困难。

在翻译教学方面，传统的翻译教学方法主要注重语法结构和词汇的翻译，注重词语的对应关系，着重培养学生的语言基础知识和翻译技能。但这种教学方法往往忽略了语境的重要性，导致学生在实际应用中难以准确理解和表达语义。

为了提高学生的翻译水平，现代翻译教学方法需要更加注重语境的理解和运用，培养学生的语言运用能力和语境适应能力。视频翻译教学是一种新的教学方法，通过观看视频，让学生在真实的语境中感受和理解语言的使用方式，提高他们的语言运用能力和表达能力。

除了翻译教学，英语教学还需要注重听、说、读、写等多方面的语言技能培养。听力是语言交流的基础，学生需要通过大量听力训练来提高自己的听力理解能力；口语是信息传递的主要方式，学生需要通过口语练习来提高自己的口语表达能力；阅读是获取信息的主要途径，学生需要通过大量阅读来提高自己的阅读理解能力；写作是语言表达的主要方式，学生需要通过写作训练来提高自己的表达能力和写作水平。

为了全面提升学生的语言技能，英语教学需要不断完善教学内容和教学方法，注重学生的实际需求和差异化教学，提供更多的互动和实践机会，激发学生的学习兴趣，从而帮助他们更好地掌握英语语言技能。

在提高学生的听、说、读、写等语言技能的基础上，还需要结合实际情况进行个性化指导和培养。通过设置角色扮演、情景对话等活动，引导学生运用所学语言进行实践，提高他们的语言应用能力。同时，可以组织学生参加英语演讲比赛、口语交流活动等，促进学生口语表达的自信和流利度。在阅读训练中，可以鼓励学生选择自己感兴趣的题材，让他们更主动地参与阅读，提高阅读理解能力。

在写作训练中，可以要求学生完成不同类型的写作任务，如日记、作文、议论文等，培养他们的写作表达能力和逻辑思维能力。同时，定期对学生的写作进行评估和反馈，帮助他们及时发现问题并加以改进。通过多种形式的写作训练，可以逐步提高学生的写作水平，使他们在表达观点、论证论点等方面更加得心应手。

还可以利用多媒体技术和网络资源进行英语教学，为学生提供更广阔的语言学习平台。通过观看英语电影、听取英语广播等方式，拓宽学生的语言应用范围，提高他们的语感和语言表达能力。通过多角度、多渠道的教学方式，可以激发学生学习英语的热情，帮助他们全面提升语言技能，更好地应对现代社会的语言需求。

三、互联网翻译教学

互联网在当今社会的发展中扮演着越来越重要的角色，尤其是在大学英语翻译与英语教学研究领域。互联网资源不仅为学生在翻译教学过程中提供了方便快捷的查找词典和翻译软件的途径，还为教师提供了更多的教学资源和教学方法。

在翻译教学中，学生可以利用各种线上词典和翻译软件来解决文中生词和句子的翻译难题。通过互联网资源，学生可以更快速地找到准确的翻译，提高了翻译的效率和准确性。一些翻译软件还能够提供翻译的语音和发音功能，帮助学生更好地理解和掌握翻译的语音。

然而，互联网资源的利用也存在一些负面影响。一些学生可能会过分依赖翻译软件，导致他们的英语水平没有得到有效的提高。互联网上的翻译资源质量参差不齐，学生很难判断哪些翻译是准确可靠的。因此，教师在翻译教学中需要引导学生正确地利用互联网资源，帮助他们提高独立思考和解决问题的能力。

除了词典和翻译软件，互联网还为翻译教学提供了更多的教学资源和教学方法。教师可以在课堂上利用在线语料库和翻译平台来展示不同领域的翻译案例，帮助学生更好地理解翻译的实际应用。教师还可以通过在线讨论和合作项目来激发学生的学习兴趣和参与度，进一步提高他们的翻译能力。

总的来说，互联网资源在大学英语翻译与英语教学研究中发挥着重要的作用。教师应该充分利用这些资源，帮助学生提高翻译能力，同时引导他们正确地利用互联网资源，避免过分依赖翻译软件。通过合理地利用互联网资源，可以更好地促进学生的英语学习和翻译能力的提高。

在翻译教学中，学生应该学会利用互联网资源进行自主学习和探索。他们可以通过检索相关资料、参与线上讨论和合作项目，提升自己的独立思考能力和问题解决能力。在这个信息爆炸的时代，教师可以引导学生如何筛选和评估互联网资源的可靠性，从而更好地挖掘其中的知识宝藏。

在翻译实践中，互联网资源可以帮助学生了解各种领域的专业术语和语言特点，丰富他们的翻译知识和词汇量。学生通过查阅原文或相关资料，可以更准确地理解文本背景和作者意图，从而更专业地完成翻译任务。除了在线语料库和翻译平台，学生还可以通过参与网络翻译比赛和分享翻译心得体会，提升自己的翻译技能和实践能力。

教师在引导学生利用互联网资源的过程中，应注重培养学生的自主学习意识和信息素养，使他们在海量信息中迅速准确地获取所需知识。通过合理引导和指导，学生将不再局限于传统教材和课堂内容，而是能够通过互联网资源探索更广阔的知识世界，提升自己的独立思考和解决问题的能力。这样，学生才能真正成为具有创造力和实践能力的优秀翻译人才。

利用多媒体形式进行翻译训练在当今大学英语教学中越来越受到重视。例如，视频教学可以帮助学生通过观看实际场景的讲解来更好地理解翻译的语境和意义。在线语音练习可以提供学生更多的听力和口语练习机会，帮助他们提高语音表达能力，同时也可以增强他们的翻译技能。

然而，虽然多媒体形式在翻译训练中有着诸多优势，但也存在一些局限性。学生可能会过分依赖这些新颖的教学形式，而忽略了传统的书面翻译练习，导致翻译能力的整体下降。多媒体形式的翻译训练可能会受到技术设备和网络环境的限制，特别是在一些贫困地区或发展中国家，学生可能无法获得稳定的网络连接或高质量的教学设备。

多媒体形式的翻译训练也存在着对学生学习方式的影响。一些学生可能更喜欢传统的课堂教学方式，他们对于在线学习或视频教学的接受程度有限，因此这种形式的翻译训练可能无法取得预期的效果。多媒体形式的翻译训练通常是一种单向的信息传递，学生缺乏与教师和同学互动的机会，导致学习氛围的缺失。

总的来说，多媒体形式的翻译训练在提高学生翻译能力方面具有一定的作用，但同时也存在一些局限性和挑战。教师和学生应该根据具体情况，合理地利用多媒体形式进行翻译训练，同时也要注重传统的书面翻译练习，保持平衡，使学生在各个方面都能得到全面的培养。在未来的英语教学研究中，可以进一步探讨如何更好地整合多媒体形式，提高翻译教学效果，促进学生的全面发展。

在当今信息化社会，多媒体形式的翻译训练已经成为一种主流教学模式。它能够通过图像、声音和视频等多种形式呈现信息，激发学生的学习兴趣，提高他们的学习效率。通过多媒体形式的翻译训练，学生可以更直观地理解语言文化的差异，培养跨文化交流能力。同时，多媒体形式也为学生提供了更加灵活的学习方式，他们可以在任何时间、任何地点进行学习，有助于增强学生的自主学习能力。

然而，要充分发挥多媒体形式的翻译训练的效果，也需要教师在设计教学内容时注重与学生的互动。教师可以设置在线讨论、团体作业等方式，促进学生之间的交流和合作，帮助他们更好地掌握翻译技巧。教师还应该根据学生的实际情况和需求，灵活运用不同形式的多媒体资源，使学习过程更加生动有趣。

在未来的英语教学中，多媒体形式的翻译训练将会继续发挥重要作用。教师和学生应该共同努力，不断探索适合自己的学习方式，取长补短，实现教学质量的提升。只有这样，我们才能更好地应对日益复杂多变的社会环境，培养具备跨文化交流能力的优秀人才。

在大学英语教学中，实践项目是提升学生翻译能力的重要手段之一。通过参与翻译比赛、实地考察等项目，学生可以在实践中不断提升自己的翻译技能与水平。

翻译比赛是一个很好的实践项目，可以激发学生的学习热情和竞争意识。在比赛中，学生需要在有限的时间内完成指定的翻译任务，这不仅考验了学生的语言功底和翻译能力，也锻炼了他们的应变能力和压力控制能力。通过参加比赛，学生可以感受到实际翻译工作中的挑战和乐趣，从而更加积极地投入到学习中。

实地考察也是一种有效的实践项目。通过走出教室，走进真实的翻译工作场景，学生可以更加直观地了解翻译实践中的种种问题和挑战。比如，学生可以去当地公司或机构进行实习，实地翻译相关文件或会议记录，这样可以让他们更加深入地了解专业术语的运用和翻译技巧的实际应用。通过实地考察，学生不仅可以提高自己的翻译水平，也可以积累实践经验，为以后的职业发展做好准备。

在评估这些实践项目对学生学习的帮助时，可以从以下几个方面进行考量。可以通过学生的翻译作品质量和成绩来评估项目的有效性，看学生在实践中是否有明显的进步。还可以通过学生的反馈和感受来了解项目对他们的影响，看是否能够激发学生学习的兴趣和动力。也可以通过学生的参与度和表现来评估项目的效果，看学生是否能够积极投入到实践中并取得实际成果。

总的来说，实践项目是提升学生翻译能力的重要途径，可以帮助学生将所学知识运用到实际生活中，提高他们的实际应用能力和跨文化交际能力。通过不断尝试和实践，学生可以逐步提升自己的翻译水平，为未来的发展奠定坚实的基础。因此，在大学英语教学中，应该更加重视实践项目的开展，为学生提供更加丰富多彩的学习体验和发展机会。

实践项目的开展是英语教学中一项至关重要的活动。通过这些项目，学生可以在实践中不断提升自己的翻译水平，将所学知识应用到具体情境中。这种实践不仅可以加深学生对英语知识的理解，还可以培养学生的解决问题能力和应变能力。在项目中，学生们需要面对各种挑战和困难，通过不断地探索和努力，他们能够逐渐克服困难，取得实质性的进步。

实践项目的开展还可以让学生充分发挥他们的创造力和想象力。在具体的实践活动中，学生们需要灵活运用自己所掌握的知识，不断尝试新的翻译方法和策略。通过这种实践，学生可以发现自己的不足之处，并在实践中不断完善和改进。这种过程不仅可以提高学生的翻译能力，还可以培养他们的自信心和团队合作精神。

实践项目的开展也可以加深学生对跨文化交际的理解。在项目中，学生们需要面对不同背景和文化的文字材料，通过翻译工作去体会不同文化之间的差异和联系。这种体验可以让学生更加敏锐地捕捉语言背后隐藏的文化内涵，提高他们的跨文化交际能力和 intercultural competence。

因此，实践项目的开展不仅可以促进学生的学习动力，还可以提升他们的实际应用能力和跨文化交际能力。通过这样的项目，学生们可以在实践中不断成长，为未来的发展打下坚实的基础。希望在今后的英语教学中，能够更加重视实践项目的设计和实施，为学生提供更加丰富多彩的学习体验和发展机会。

第四节　翻译与英语教学的结合

一、将翻译教学融入英语教学

口译教学与听力训练的结合是提高学生综合语言能力的有效方式。通过口译，学生可以将听力训练所掌握的英语听力技能转化为口语表达能力，增强他们的沟通能力和语言流畅度。同时，口译还可以帮助学生加深对英语语法和词汇的理解，提高他们的语言运用能力。

在口译教学中，学生需要通过大量的实践来培养自己的口译技能。因此，教师可以设计各种口译练习，让学生在模拟真实情境下进行口译训练。同时，教师还可以引导学生分析口译过程中的难点和技巧，帮助他们提高口译水平。通过口译，学生可以不仅提高听力和口语能力，还可以加深对英语语言文化的理解，提升跨文化交际能力。

然而，口译教学与听力训练相结合也存在一些挑战。口译是一项需要高度专业技巧和语言能力的活动，学生需要具备较高水平的英语听力、口语和翻译能力。口译训练难度较大，学生在口译过程中可能会遇到词汇量不足、语法结构不够灵活等问题，需要通过反复练习和积累经验来提高口译水平。

口译教学与听力训练结合也需要教师有针对性地设计教学内容和教学方法。教师需要根据学生的实际情况进行个性化的口译培训，针对不同学生的不同问题进行有针对性的辅导和指导，确保他们在口译训练中取得良好的效果。

总的来说，口译教学与听力训练相结合可以帮助学生提高综合语言能力，但同时也需要克服一些挑战。通过努力学习和不断实践，学生可以逐渐提高口译水平，加深对英语语言和文化的理解，从而更好地应对未来的学习和工作挑战。

口译教学与听力训练结合，是为了培养学生在英语口译领域具备高水平的能力。在这个过程中，学生需要通过大量练习来提高自己的口译技巧，以应对各种实际情况下的挑战。教师的个性化教学也起着至关重要的作用，能够帮助学生更好地克服自身存在的问题，从而实现更好的口译效果。

在口译教学过程中，学生需要不断积累词汇和提高语法结构的灵活运用能力，这是他们在口译实践中不可或缺的一部分。除了基础知识的积累，学生还需要注重实际场景的模拟训练，这将更有助于他们在实际工作中做好口译工作，应对各种复杂情况。

口译教学不仅仅是单一的技能培养，更重要的是要培养学生的综合语言能力。通过听力训练和口译实践相结合，学生可以在理解和表达上得到更全面的提升，同时也可以更好地理解英语语言和文化。这种综合能力的提升将为学生未来的学习和工作提供更加坚实的基础和保障。

总的来说，口译教学与听力训练结合是一项挑战性的任务，但通过教师和学生共同努力，相信学生们一定能够取得明显的进步。这样的教学方法将为学生的职业发展打下坚实的基础，让他们能够更好地适应未来的发展需求，实现自身的价值和梦想。

翻译在英语教学中扮演着至关重要的角色，尤其是在提高学生写作能力方面。通过书面翻译训练，学生不仅可以提升他们的语言表达能力，还可以培养他们的逻辑思维，扩展他们的词汇量。传统的翻译教学方法注重对语法知识和词汇掌握的训练，强调准确性和忠实性。

然而，随着互联网的发展，现代翻译教学方法也日益受到重视。互联网翻译教学结合了传统的翻译教学方法与技术手段，如机器翻译和在线词典，为学生提供了更多的资源和工具，帮助他们更快、更准确地完成翻译任务。

在翻译与英语教学的结合方面，教师们可以将翻译教学融入英语教学中，通过翻译练习来帮助学生提高他们的写作能力。例如，教师可以设计一些与课文相关的翻译练习，让学生进行翻译并进行讨论，帮助他们理解课文内容并加深记忆。教师还可以在写作课堂上引入一些书面翻译练习，让学生练习翻译一些句子或段落，从中学习词汇搭配和句式结构，提高他们的写作水平。

书面翻译与写作结合的方式可以帮助学生在写作过程中更加自如地运用英语，提高他们的表达能力和写作技巧。通过翻译训练，学生可以锻炼他们的语言感知能力，培养他们的语感，从而在写作中更加得心应手。因此，翻译教学与英语写作教学相结合，对学生学习有着积极的影响，可以帮助他们更好地掌握英语语言，提高他们的写作水平。

在书面翻译与写作结合的过程中，学生们不仅可以提高他们的词汇量和语法知识，还可以培养他们的逻辑思维能力和文字表达能力。通过翻译练习，学生们可以更深入地理解外语文字的内涵和文化背景，同时也能够锻炼他们的分析和逻辑思维能力。在书面翻译的过程中，学生们需要将原文的意思准确地表达出来，这对他们的语言应用能力和文字表达能力都是一个很好的锻炼。

在写作课堂上引入书面翻译练习也能够让学生们更加自觉地关注词汇搭配和句式结构。通过翻译一些句子或段落，学生们可以更好地理解英语句子的构成和表达方式，从而在写作中更加得心应手。同时，书面翻译与写作结合还可以激发学生们学习英语的兴趣，让他们更主动地参与到语言学习中来。

总的来说，书面翻译与写作结合是一种很有效的教学方法，可以帮助学生们更系统地学习英语，提高他们的语言能力和写作水平。通过这种方式，学生们既可以增加词汇量、培养语感，又可以锻炼逻辑思维能力和文字表达能力，为他们将来的学习和工作打下坚实的基础。因此，教师们应该在英语教学中更多地引入书面翻译练习，让学生们在实践中提高他们的写作能力。

二、创新翻译教学内容

在大学英语教学中，翻译教学起着至关重要的作用。翻译不仅可以帮助学生更好地理解和掌握英语知识，还可以培养他们的语言表达能力和跨文化交流能力。传统的翻译教学方法主要以书面翻译为主，而现代翻译教学方法则更加注重利用互联网和多媒体资源进行翻译教学，使学生在实践中提升自己的翻译能力。将翻译与英语教学相结合，不仅可以帮助学生提高英语水平，还可以丰富英语教学内容，使学生更加兴趣盎然。创新的翻译教学内容不仅包括传统的翻译技能，还可以在主题式翻译教学中深化学生对英语知识的理解，促进他们的批判性思维和创造性思维能力的培养。

在大学英语教学中，主题式翻译教学是一种深度学习的方式，通过选取具有代表性和探讨性的主题，激发学生的学习兴趣和思考能力。主题式翻译教学可以帮助学生更好地理解英语知识，并且在翻译中不仅仅是简单地转换文字，更是通过对主题内容的解读和深化来提升学生的综合语言能力。学生在主题式翻译教学中，不仅仅是在翻译上发挥自己的创造力，更是在批判性思维和创造性思维中不断成长。

主题式翻译教学方法能够使学生在翻译过程中更好地理解文化差异和语言表达方式，有助于培养学生的跨文化沟通能力。在这个过程中，学生能够从翻译中感受到不同文化背景下的语言特点，进而提升自己的语言表达能力和跨文化交流技能。通过主题式翻译教学，学生可以更好地理解外语在不同语境中的应用方式，为他们日后的学习和工作打下坚实的基础。

在主题式翻译教学中，教师的引导和激励也起着至关重要的作用。教师可以设计各种富有挑战性和启发性的主题题目，激发学生的学习兴趣和创造力。同时，教师还可以在学生翻译完成后进行评价和指导，帮助学生发现问题并及时改进。通过教师和学生的共同努力，主题式翻译教学可以更好地促进学生的语言学习和综合能力的提升，为他们的未来发展奠定坚实基础。

翻译教学在大学英语教学中具有重要的地位。传统翻译教学方法主要包括书面翻译，而现代翻译教学方法则包括互联网翻译教学。翻译与英语教学结合起来，可以创新翻译教学内容，帮助学生更好地掌握翻译技巧。行业专业译文的翻译练习对于提高学生的翻译水平极为重要。在教学过程中，要遵循翻译教学的原则与方法，帮助学生理解翻译的技巧和要点，提高他们的翻译能力。因此，翻译教学不仅可以帮助学生提高英语水平，还可以培养他们的综合能力和跨文化交际能力。

在当今社会，翻译教学越来越受到重视。通过行业专业译文的翻译练习，不仅可以提高学生的翻译水平，还可以帮助他们更好地掌握翻译技巧。在翻译教学过程中，教师可以引导学生多阅读不同领域的专业译文，让他们通过不同领域的翻译练习来提升自己的翻译能力。

翻译教学的核心在于培养学生的综合能力和跨文化交际能力。在实践中，学生不仅要注重译文的准确性，还要考虑如何更好地传达原文的信息，保持译文的流畅性和自然性。通过翻译练习，学生可以提高自己的语言表达能力和文字组织能力，培养解决问题的能力和跨文化交际的能力。

翻译教学还可以帮助学生更好地理解和掌握英语文化和传统。通过翻译不同领域的专业译文，学生可以了解不同领域的知识和专业术语，拓展自己的视野，提升自己的跨文化交际能力。

总的来说，翻译教学在大学英语教学中的地位不可替代。通过行业专业译文的翻译练习，可以帮助学生提高翻译能力，培养综合能力和跨文化交际能力，促进学生的综合发展。希望未来翻译教学能够不断完善，为学生提供更多更好的学习资源和支持。

在大学英语教学中，翻译教学扮演着重要的角色。翻译教学不仅可以帮助学生提高英语水平，还可以增进他们对不同文化之间的理解和沟通能力。传统的翻译教学方法主要是以书面翻译为主，而现代翻译教学方法则更加注重互联网翻译教学的应用，使学生能够更好地利用网络资源进行翻译学习。翻译与英语教学的结合可以促进学生在语言学习中的全面发展，创新的翻译教学内容也可以激发学生学习的兴趣和潜力。通过文化对比翻译，学生可以更好地理解不同文化背景下的语言表达，从而提高他们的跨文化交际能力。

在大学英语教学中，翻译教学的重要性不可忽视。除了帮助学生提高英语水平外，

第五章　英语教学中的翻译教学策略与方法

翻译教学还可以拓展学生的国际视野和跨文化交际能力。在当今全球化的背景下，学生需要具备良好的跨文化沟通能力，而文化对比翻译正是一个有效的方式。通过比较不同文化背景下的语言表达，学生可以更深入地理解语言与文化之间的关系，从而提高他们的跨文化交际能力。

在传统的翻译教学中，主要以书面翻译为主，而现代的翻译教学则更加注重互联网翻译教学的应用。通过利用互联网资源，学生可以接触到更多真实的语言环境和实时的翻译资讯，从而提高他们的实践能力和应用能力。这种创新的教学方法不仅能够激发学生学习的兴趣，还能够更好地培养他们解决实际问题的能力。

翻译与英语教学相结合，可以促进学生在语言学习中的全面发展。通过翻译的实践，学生不仅可以提高英语水平，还可以培养他们的逻辑思维能力和表达能力。而通过文化对比翻译，学生可以更好地理解不同文化背景下的思维方式和价值观念，从而更加灵活地应对跨文化交际的挑战。

总的来说，翻译教学在大学英语教学中扮演着重要的角色，尤其是文化对比翻译。通过这种教学方法，不仅可以提高学生的语言水平，还可以增进他们的跨文化交际能力，为他们未来的国际交往打下坚实的基础。

翻译艺术欣赏：翻译教学在英语教学中扮演着重要的角色，为学生提供了一个更全面的学习和理解英语的方式。传统的翻译教学方法主要注重书面翻译，而现代的教学方法包括了互联网翻译教学，为学生提供更多的学习资源。翻译艺术欣赏不仅能够帮助学生提高翻译水平，也能够让他们更好地理解英语语言和文化，从而提高他们的整体英语水平。在英语教学中结合翻译教学，可以帮助学生更好地掌握语言的应用和表达能力，同时也可以激发他们对英语学习的兴趣和热情。创新的翻译教学内容不仅能够激发学生的学习动力，也能够拓展他们的思维和视野，为他们未来的学习和发展奠定坚实的基础。因此，翻译教学在英语教学中具有重要的意义，值得我们不断探索和实践。

翻译艺术欣赏的重要性在于为学生提供了更多的学习途径和理解英语的机会。翻译教学不仅仅是简单地将文字翻译成另一种语言，更是一种艺术的体现。通过翻译，学生可以感受到不同语言之间的微妙之处，从而更好地理解和运用英语。尤其是在互联网时代，翻译教学可以让学生接触到更多的语言和文化，拓展他们的视野和认知。

在英语教学中结合翻译教学，还可以帮助学生提高语言的应用能力和沟通能力。通过翻译，学生不仅可以学习到词汇和语法知识，还可以培养自己的逻辑思维和表达能力。翻译是一种融合了语言技巧和艺术感觉的过程，只有通过实践和不断的练习，学生才能在翻译中获得更高的能力和水平。

翻译教学还可以激发学生对英语学习的兴趣和热情。通过翻译作业和实践，学生可以感受到翻译的乐趣和挑战，从而更愿意投入到英语学习中。而且，通过翻译教学，学生还可以了解到不同文化之间的差异和共通之处，从而更好地理解世界的多样性。

总的来说，翻译艺术欣赏是翻译教学中的重要环节，它不仅可以帮助学生提高翻译水平，还可以激发他们对英语学习的热情。在未来的英语教学中，我们应该更加重视翻译教学，为学生提供更全面和有趣的学习体验。

三、评估翻译教学效果

在大学英语翻译与英语教学研究中，翻译教学起着举足轻重的作用。翻译教学的原则与方法包括传统翻译教学方法和现代翻译教学方法。传统翻译教学方法主要包括书面翻译，而现代翻译教学方法则包括互联网翻译教学。翻译与英语教学结合起来，可以帮助学生更好地掌握英语知识。评估翻译教学效果是至关重要的，测评实施意味着对学生的学习情况进行系统性的评估和监测。

在大学英语翻译与英语教学研究中，翻译教学起着举足轻重的作用。翻译教学的原则与方法对学生的英语学习至关重要。在实施翻译教学时，教师需要结合传统翻译教学方法和现代翻译教学方法，确保学生在书面翻译和互联网翻译教学中都能够得到充分的训练和指导。

通过将翻译与英语教学结合起来，学生可以更好地掌握英语知识，提高他们的语言能力和跨文化沟通能力。教师在进行翻译教学时，需要注重学生的实际需求和兴趣，激发他们学习的动力，帮助他们建立起自信心。

评估翻译教学效果是至关重要的。通过测评实施，可以全面了解学生的学习情况，及时发现问题并采取合适的教学措施，帮助他们进步。测评实施也有助于教师了解自己的教学效果，及时调整教学内容和方法，不断提升自己的教学水平。

在翻译教学中，要注重培养学生的实际翻译能力和文化意识，让他们在实践中不断提升自己的翻译技巧。同时，也需给予学生足够的学习支持和指导，帮助他们建立起正确的翻译观念和方法，提高独立思考和解决问题的能力。

总的来说，翻译教学是一项复杂而又重要的教学工作，只有通过不断的实践和反思，才能不断完善教学方法，提高学生的翻译水平，实现教学的最终目标。

在大学英语翻译与英语教学研究中，翻译教学作为英语教学的重要组成部分，具有不可替代的重要性。传统翻译教学方法注重书面翻译，而现代翻译教学方法则更加注重互联网翻译教学，这两种方法都是为了更好地将翻译与英语教学结合起来。评估翻译教学效果，需要进行教学反馈与调整，以确保教学效果达到最佳状态。

在教学反馈与调整过程中，教师需要及时收集学生的学习表现和反馈信息。通过观察学生的翻译作业，分析他们的语法运用和词汇选择，可以帮助教师了解学生的学习情况。教师还可以利用定期的课堂讨论和小组作业来促进学生之间的互动与合作，从而深化他们对翻译教学内容的理解。

根据学生的反馈和学习表现，教师需要灵活调整教学方法和教学内容。对于那些在书面翻译上表现较好的学生，可以引导他们尝试更复杂的语言表达和文体转换，提高他们的翻译水平；而对于在互联网翻译方面表现较好的学生，可以鼓励他们积极探索新的翻译工具和资源，拓展他们的视野。

教师还可以通过布置不同难度和类型的翻译任务来调整教学内容，以满足不同学生的学习需求和挑战他们的学习能力。通过不断地进行教学反馈与调整，教师可以不断提升翻译教学的有效性和实用性，帮助学生更好地掌握翻译技巧和英语应用能力，从而为他们未来的学习和职业发展奠定坚实的基础。

第五节　大学英语翻译教学的未来发展

一、新技术在翻译教学中的应用

在当今全球化的背景下，翻译教学作为一门重要的学科，扮演着至关重要的角色。传统的翻译教学方法如书面翻译，虽然在一定程度上可以培养学生的翻译能力，但也存在一定的局限性。随着互联网的普及和发展，现代翻译教学方法开始受到更多的关注，互联网翻译教学为学生提供了更加便捷和实时的翻译工具和资源。

翻译教学与英语教学的结合，不仅可以促进学生对英语语言的理解和运用，同时也有助于拓展学生的跨文化交流能力。评估翻译教学效果，是提高教学质量和学生自身翻译能力的重要手段，只有通过科学合理的评估方法，才能更好地指导学生的学习和提升教学效果。

大学英语翻译教学的未来发展必将面临新的挑战和机遇，新技术在翻译教学中的应用，将进一步提升学生的翻译速度和准确度。人工智能翻译工具的使用，不仅可以帮助学生提高翻译效率，还可以为教师提供更多的教学资源和支持，促进翻译教学的不断创新和发展。

随着科技的不断发展，人工智能翻译工具在翻译教学中的应用将日益广泛。这些工具不仅可以帮助学生更快地完成翻译任务，而且还能够提供更准确的翻译结果，从而提高学生的翻译水平。同时，人工智能翻译工具还可以为教师提供更多便捷的辅助工具，帮助他们更好地指导学生学习和提高教学效果。

在未来的大学英语翻译教学中，人工智能翻译工具的使用将不仅局限于翻译任务的完成，还将扩展到对学生翻译能力的全面评估。通过分析学生在使用人工智能翻译工具时的表现，教师可以更好地了解学生的翻译习惯和问题，从而有针对性地进行指导和训练。这将有助于提高学生的翻译技巧和能力，使他们在未来的工作和学习中能够更好地运用所学知识。

除了在翻译教学中的应用，人工智能翻译工具还将促进翻译研究领域的不断发展和创新。通过利用人工智能技术分析大量的语言数据和翻译文本，翻译研究者可以更深入地了解语言之间的差异和联系，从而为翻译理论的完善和发展提供更多新的思路和方法。可以预见的是，人工智能翻译工具的广泛应用将极大地推动翻译领域的发展，为人类的语言交流和文化交流提供更多可能。

在大学英语翻译教学中，多媒体翻译教学平台的建设是至关重要的。通过多媒体翻译教学平台，学生可以接触到更丰富多样的学习资源，包括视频、音频、图片等，有利于提高他们的学习兴趣和参与度。同时，多媒体翻译教学平台的建设也能够提供更直观、生动的教学内容，帮助学生更好地理解和掌握翻译技巧。不仅如此，多媒体翻译教学平台还可以为教师提供更便捷、高效的教学工具，帮助他们更好地设计和组织教学内容，提升教学质量。总的来说，多媒体翻译教学平台的建设对于大学英语翻译教学的未来发展具有重要意义。

在大学英语翻译教学中，多媒体翻译教学平台的建设不仅让学生能够从更为生动的教学内容中受益，同时也为教师提供了更为便捷和高效的教学工具。通过多媒体翻译教学平台，学生可以在不同的学习环境中进行学习，不再受限于传统的教室上课模式。他们可以根据自己的学习习惯和节奏进行学习，更好地掌握翻译技巧，并在实践中不断提升自己的翻译能力。

教师们也可以通过多媒体翻译教学平台更好地设计和组织教学内容，根据学生的实际情况进行个性化教学，提高教学效果。他们可以随时随地上传教学资源，进行在线教学和答疑，让学生能够在课堂之外也能够接触到丰富的学习资源，加深对所学知识的理解和记忆。

多媒体翻译教学平台的建设还可以为学生提供更多的学习方式和路径。学生可以通过观看视频、听取音频、查看图片等多种形式，更加全面地了解翻译知识。同时，多媒体翻译教学平台也可以为学生提供在线练习和考核的机会，帮助他们不断巩固所学知识，提高翻译水平。

总的来说，多媒体翻译教学平台的建设对于大学英语翻译教学的未来发展具有重要意义。它为学生提供了更为便捷和多样化的学习方式，为教师提供了更为高效和灵活的教学工具，促进了教学质量的提升，助力了翻译教学事业的不断发展。

虚拟仿真翻译实践是一种全新的教学方法，通过模拟真实的翻译场景，让学生在虚拟环境中进行实践,提高他们的翻译能力和技巧。这种实践方式使学生能够在没有实际语言交流机会的情况下,尽可能地接近真实的翻译工作,从而更好地掌握翻译技能。在未来的大学英语翻译教学中,虚拟仿真翻译实践有望成为主流教学方法,为学生提供更加丰富和实用的学习体验,帮助他们更好地适应现代翻译需求。

虚拟仿真翻译实践不仅可以提高学生的翻译能力和技巧,还能够激发他们的学习兴趣。在这种虚拟环境中,学生可以身临其境地感受到真实的翻译场景,从而更加专注和投入。通过反复练习和实践,他们可以不断提高自己的翻译水平,培养自己的语感和表达能力。虚拟仿真翻译实践还可以帮助学生建立正确的翻译思维模式,培养他们的逻辑思维能力和判断力。在未来的大学英语翻译教学中,这种全新的教学方法有望成为主流,为学生提供更加实用和有效的学习体验。通过虚拟仿真翻译实践,学生不仅可以更好地适应现代翻译需求,还可以为自己的翻译事业打下坚实的基础。这种创新的教学方式必将为培养更多优秀的翻译人才做出重要贡献,推动翻译教育的不断发展和完善。

二、翻译教学模式的创新

现代社会,翻译教学在大学英语教学中扮演着至关重要的角色。传统的书面翻译教学方法逐渐演变为更具互动性和实用性的现代翻译教学方法,其中互联网翻译教学成为一种新的趋势。翻译与英语教学的结合不仅可以提高学生的语言能力,还能培养学生的跨文化交流能力。

评估翻译教学效果对于提升教学质量至关重要。未来,大学英语翻译教学需要不断创新教学模式,尤其是跨学科合作模式。跨学科合作模式可以打破学科之间的壁垒,促进知识的跨界融合,为学生提供更广阔的学习视野,培养学生的综合素质和创新能力。

跨学科合作模式不仅可以促进不同学科之间的交流和合作,还可以激发学生的创新思维和解决问题的能力。通过跨学科合作,学生可以接触到更广泛的知识领域,拓展自己的学术视野,从而更好地适应未来社会的需求和挑战。在跨学科合作模式下,学生可以结合不同学科的知识和技能,开展研究项目或解决现实问题,实现知识的跨界融合,培养出更具实践能力和创新精神的人才。

跨学科合作模式还可以促进学术界和产业界之间的合作与交流,推动科研成果的转化和应用,促进社会的进步与发展。通过不同学科领域的专家共同参与,可以更好地解决复杂的问题,推动科技创新和产业升级。跨学科合作模式也可以为学生提供更多的就业机会和发展空间,培养出具有综合素质和跨文化交流能力的高素质人才。

因此,跨学科合作模式在大学英语翻译教学中具有重要意义,可以为学生提供更丰富的学习体验和成长空间。在未来的教学中,我们需要进一步探索和推广跨学科合作模式,不断创新教学方法,培养学生的综合能力和创新意识,为他们的未来发展奠定坚实的基础。

在大学英语教学中,翻译教学起着非常重要的作用。传统的翻译教学主要侧重于书面翻译,而现代翻译教学方法则包括了更多基于互联网的翻译教学。翻译与英语教学的结合是一个不可或缺的环节,通过评估翻译教学效果可以更好地指导未来的发展。未来的大学英语翻译教学需要不断创新翻译教学模式,将自主学习与指导相结合,以提高学生的翻译水平和英语教学效果。

在大学英语教学中,翻译教学不仅帮助学生提高英语水平,还培养了他们的独立思考和解决问题的能力。传统的翻译教学注重语言功底的打磨,而现代翻译教学更注重实际应用和跨文化交流能力的培养。翻译教学的改革与发展,需要与时俱进,探索适合现代学生学习需求的新方法和技术。

未来的大学英语翻译教学将更加注重学生的自主学习,通过提供更多的学习资源和引导学生主动参与课堂讨论、作业设计等活动,激发他们的学习兴趣和动力。同时,教师在教学过程中也要尽可能地为学生提供个性化的指导和反馈,帮助他们及时发现和解决问题,确保学习效果的最大化。

大学英语翻译教学还需要与实际应用结合,让学生在真实的语境中运用所学知识进行翻译,提高学生的实际应用能力。通过开展跨学科合作和实习项目,让学生更好地理解语言背后的文化内涵,提高他们的跨文化交流能力和综合素质。

总的来说,未来的大学英语翻译教学旨在通过创新教学模式,促进学生的自主学习和指导相结合,提高学生的英语水平和综合素质,培养他们成为具有国际竞争力的人才。这也将是教育改革的方向,为未来的英语教育发展注入新的活力和动力。

三、翻译教学质量保障体系搭建

翻译教学在大学英语教学中的重要性不可忽视。在传统的翻译教学方法中,书面翻译起着重要作用。随着时代的发展,现代翻译教学方法也逐渐兴起,互联网翻译教学成为了不可或缺的一部分。翻译与英语教学的结合,能够提高学生的语言能力和跨文化交流能力。在评估翻译教学效果方面,建立翻译教学质量保障体系至关重要。

未来,大学英语翻译教学将继续发展壮大。教学管理与评估体系的构建,是推动翻译教学不断前行的关键。只有建立科学合理的评估体系,才能保障翻译教学的质量,为学生提供更好的英语学习环境。随着技术的不断进步,未来的翻译教学将更加注重创新、实践和应用,为培养具有国际视野和跨文化交流能力的优秀人才奠定坚实基础。

在今后的大学英语翻译教学中,教师们需要不断更新教学理念,探索更有效的教学方法。传统的教学内容需要与时俱进，结合现代科技手段，引入更多实践性的教学活动，提升学生的翻译技能和实际应用能力。同时，加强对学生翻译作品的评估和反馈，帮助他们更好地发现自身不足，进一步完善翻译水平。

教学管理与评估体系的构建也需要更多的专业人士参与，建立起更加完善的评估标准和体系。只有通过严格的评估和监督，才能确保翻译教学的质量和效果。同时，学校也需要加大对翻译教学资源的投入，提供更好的学习环境和支持，激发学生学习热情，培养他们的学习兴趣和自主学习能力。

未来的大学英语翻译教学将更加注重实用性和实践性，鼓励学生通过翻译实践，提高语言表达能力和跨文化交流能力。教育机构也需与企业和行业合作，为学生提供更多实习和实践机会，培养他们成为具有实际能力和竞争力的翻译人才。通过双向的互动学习，学生将更容易将所学知识应用到实际工作中，为未来的职业发展打下坚实基础。

大学英语翻译与英语教学研究中，师资队伍建设是至关重要的一环。只有拥有一支高素质的师资队伍，才能保证翻译教学的质量和效果。师资队伍不仅需要具备扎实的英语语言能力和翻译技能，还需要具备丰富的教学经验和教学方法。为了提升师资队伍的整体水平，大学英语翻译教学需要注重师资队伍的培养和发展。

在师资队伍建设方面，可以采取多种措施。大学可以通过提供专业的培训课程和培训机会，帮助教师提升英语翻译能力和教学水平。可以组织教师参与国际学术交流和合作项目，拓展他们的国际视野和学术背景。还可以建立导师制度，为新进教师提供mentorship和指导，帮助他们更快地适应教学工作。

除了以上提到的具体措施外，师资队伍建设还需要注重激励机制和评价体系的建立。通过设立奖励机制和职称晋升制度，可以激励教师不断提升自身素质和教学水平。同时，建立完善的师资评价体系，可以及时发现和解决教师在翻译教学中存在的问题，进一步提高教学质量。

大学英语翻译教学的师资队伍建设关乎教学质量和未来发展方向。只有通过不断完善师资队伍建设机制，才能进一步提升翻译教学的水平和效果，推动大学英语翻译教学走向更加健康和可持续的发展道路。

师资队伍建设是大学英语翻译教学中至关重要的一环。除了师参与国际学术交流和合作项目、建立导师制度外，还可以通过持续提供师资培训和教育，不断完善教师的专业知识和教学技能。可以鼓励教师参与学术研究和课程开发，提升其学术影响力和教学创新能力。

建设一个良好的师资队伍还需要重视教师的心理健康和工作环境。为教师提供良好的工作条件和发展空间，保障他们的职业发展和生活质量。同时，建立教师交流平台和合作机制，促进教师之间的互相学习和共同进步。

师资队伍建设也要注重师生关系的建立和维护。教师应该关心学生的学习和生活，激发他们学习的热情和积极性。通过建立师生互动的教学模式，增强师生之间的互信和合作关系，提升教学效果和学生成绩。

总的来说，师资队伍建设是大学英语翻译教学的基础和保障，只有建立健全的师资队伍建设机制，才能够确保教学质量和教学效果的持续提升，推动研究型大学英语翻译教学的进一步发展和壮大。

针对大学英语翻译教学的未来发展，课程内容体系的更新与完善显得尤为重要。传统的翻译教学方法以书面翻译为主，难以适应当今信息技术快速发展的趋势。为了提高教学效果，现代翻译教学方法应运用互联网等新技术和手段，将翻译与英语教学有机结合起来，以促进学生全面提升英语翻译能力。评估翻译教学效果，建立翻译教学质量保障体系，有助于规范教学活动，提高教学质量。未来，大学英语翻译教学应着重于搭建质量保障体系，更新和完善课程内容体系，以更好地适应时代发展的需求。

随着全球信息技术的飞速发展和应用，大学英语翻译教学面临着新的挑战和机遇。传统的教学方式已经无法满足学生对高质量翻译能力的需求，因此，课程内容体系的更新与完善尤为紧要。在更新课程内容的基础上，还需要加强翻译教学的实践性和互动性，通过实际案例、模拟演练等方式，激发学生的学习兴趣和积极性。翻译教学应注重学生的个性化发展和能力培养，通过个性化指导和多元化评价方法，帮助学生发现和发挥自身潜力，提升翻译能力和综合素质。在质量保障体系的建立方面，需要建立健全的监测和评估机制，不断优化教学资源配置和管理，确保教学质量的持续改进。未来，大学英语翻译教学的发展方向应当更加注重学生的能力培养和全面发展，充分发挥新技术的优势，提高教学效果和质量，适应时代发展的需要，为培养高素质的翻译人才做出贡献。

第六章　大学英语教学中的翻译教学实践案例分析

第一节　翻译教学实践案例分析一

一、教学目标设定

学习者需求分析：在大学英语教学中，翻译教学是非常重要的一环。学生在学习英语翻译的过程中，往往会遇到各种困难和挑战。因此，为了更好地帮助学生掌握翻译技巧和提高翻译能力，我们需要对学习者的需求进行分析。通过了解他们的学习目的、学习动机、学习背景和学习方法等方面的情况，我们可以针对性地制定教学目标，为他们提供更有效的教学方案和支持。这样才能更好地促进学生的英语学习和提高他们的英语翻译能力。

在大学英语教学中，学习者的需求分析是至关重要的。通过深入了解学生的学习目的，可以更好地为他们提供相关的教学内容和支持。学习者的学习动机是影响其学习效果的重要因素，因此我们需要了解他们的学习动机，并激发其学习的兴趣和热情。学习者的学习背景也会对其翻译能力产生影响，因此我们需要了解学生的学习背景，为其提供有针对性的教学指导和帮助。学习者的学习方法也是关键因素之一，我们需要了解学生的学习方法，帮助他们选择适合自己的学习方式，从而提高翻译能力。通过对学习者需求的全面分析，我们可以为学生制定个性化的教学目标，并提供更有效的教学方案和支持，最终实现促进学生的英语学习和提高他们的英语翻译能力的目标。

学生通过本案例的教学实践，要求能够在各种实际情景中准确、流畅地进行英语翻译。要求学生具备较高的词汇量和语法知识，能够准确理解原文含义，并将其自然地转化为目标语言。同时，学生需要具备较强的分析和判断能力，以便在翻译过程中进行必要的调整和改进。在实践中，学生应当能够克服翻译过程中可能出现的困难，保持良好的心态和高效的工作效率，最终达到准确、通顺、自然地表达原文含义的水平。

学生在进行英语翻译时，需要不断地提升自己的目标语言能力。除了丰富的词汇量和语法知识，他们还需要具备灵活的应用能力。在实践中，学生应当能够灵活运用各种翻译策略，包括对语境的准确把握和场景语境的恰当运用。同时，学生还需要具备跨文化交际的能力，以便更好地理解原文意思并恰当地传达到目标语言中。在翻译过程中，学生还需具备较强的逻辑分析和判断能力，确保翻译内容准确无误。学生还需具备坚韧不拔的品质，面对困难和挑战时能沉着冷静，勇往直前。最终，通过不懈的努力和持续的学习，在翻译实践中不断提高自己的翻译水平，达到准确、通顺、自然地表达原文含义的境界。

翻译技巧培养：在大学英语翻译教学中，教师需要设定明确的教学目标，注重培养学生的翻译技巧。通过不断练习和实践，学生能够提高自己的翻译水平，丰富自己的词汇量和语言表达能力。教师应该注重培养学生的观察和分析能力，引导他们掌握各种翻译技巧，如同义替换、语义转换、调整句式结构等。只有通过多样化的练习和实践，学生才能提高翻译的准确性和流畅性，从而更好地应对各种翻译挑战。

在大学英语翻译教学中，培养学生的翻译技巧需要教师制定明确的教学目标和进行系统的指导。通过不断的练习和实践，学生可以逐步提高自己的翻译水平，拓展词汇量和语言表达能力。教师在培养学生的翻译技巧时，应注重引导学生发展观察和分析能力，使他们能够灵活运用各种翻译技巧，如同义替换、语义转换和句式结构调整等。通过多样化的训练和实践，学生可以提高翻译的准确性和流畅性，更好地面对各种翻译挑战。

同时，教师还应鼓励学生进行实践性的翻译活动，例如参与翻译比赛、翻译实习等，这样可以让学生在实践中不断总结经验、完善技巧。教师还可以引导学生结合实际情境进行翻译练习，比如翻译新闻报道、科技文章等，帮助他们更好地理解语言背景和语境，提高对不同领域的翻译适应能力。

教师还应该鼓励学生多阅读、多写作，不断积累语言素材和提高语感。通过阅读和写作的实践，学生可以更深入地理解语言及表达方式，为提高翻译能力打下坚实基础。最终，通过持续的努力和实践，学生能够逐渐掌握翻译技巧，达到熟练的水平，为未来的翻译工作做好充分准备。

估方法及标准是对教学目标设定的实施和达成情况进行客观评定的依据，评估方法要科学合理，评估标准要清晰明确。在翻译教学实践案例分析中，评估方法及标准应当既考虑学生翻译能力的发展，也需要考虑到对英语教学的促进作用。确立合适的评估方法和标准，对于评价学生翻译能力的提高和英语教学效果的改进具有重要意义。

评估方法及标准的确立对于教学质量的提升至关重要。在翻译教学中，评估方法应当包括笔头翻译和口译等多种形式，以全面评价学生的翻译能力。同时，评估标准也需要明确规定，包括翻译准确度、词汇运用、语法结构等多个方面。这样才能够客观地评判学生的翻译水平。

评估方法及标准的设定也需要考虑到不同学生的个体差异性，根据学生的实际情况进行差异化评估。例如，对于翻译能力相对较强的学生，可以增加难度或引入实践性的评估项目，来激发他们的学习兴趣；而对于翻译能力相对较弱的学生，则可以采取更加温和的评估方式，鼓励他们稳步提升。

在评估方法及标准的设定过程中，还需要注重评估过程的公平性和透明性。评估要求应当清晰明了，不给学生造成困惑或不公平待遇；评估结果也应当及时反馈给学生，让他们了解自己的不足之处并有机会加以改进。

最终，只有确立合适的评估方法和标准，才能够真正促进学生翻译能力的提高，促进英语教学的有效进行。评估并不仅仅是对学生的检验，更是对教学质量和效果的审视，只有不断完善评估机制，才能够真正实现教学目标的达成。

二、教学内容设计

本案例选择了一篇英文科技论文作为教学内容，通过分析文本内容，设计了针对性的教学计划。在具体的教学过程中，注重对文本的理解和词汇的翻译，同时引导学生运用所学知识进行词汇选择和句子结构转换。通过多种教学方式，如课堂讨论、小组合作等，帮助学生提高英语翻译能力和语言表达能力。在处理文本时，要注意提取关键信息，理清文本结构，帮助学生准确理解原文意思，并转化为流畅的中文表达。通过这样的教学设计和文本处理，学生在翻译实践中能够提高自己的综合语言能力，达到更高水平的英语翻译能力。

在 6.1.2.1 文本选择及处理这个段落中，我们可以看到，选择一篇英文科技论文作为教学内容是为了帮助学生在翻译实践中提高综合语言能力。而在处理这篇文章时，关键的一点是要注重文本的理解和词汇的翻译。通过提取关键信息和理清文本结构，我们可以帮助学生准确理解原文的意思，并且将其转化为流畅的中文表达。这种教学设计能够帮助学生提高英语翻译能力，让他们在运用所学知识进行词汇选择和句子结构转换时更加得心应手。

在具体的教学过程中，我们还需要引导学生通过多种教学方式来提升他们的语言表达能力。课堂讨论和小组合作可以帮助他们更好地理解文章内容，同时也可以激发学生的学习兴趣。通过这种互动的方式，学生可以相互学习、交流，不断提高自己的语言水平。

在处理文本时，还需要注意培养学生的翻译技巧。除了关注词汇选择和文本结构转换，我们还应该让学生学会如何有效地传达原文的信息，确保翻译的准确性和流畅性。

通过这样的训练,学生可以在实践中不断提升自己的英语翻译能力,达到更高水平的语言表达。

通过选择适当的文本,并注重处理文本的方式,可以有效提高学生的英语翻译能力。只有通过细致的教学设计和文本处理,学生才能在翻译实践中不断提升自己的语言能力,更好地理解和传达知识。希望通过这样的教学方法,学生可以在英语翻译领域取得更大的进步。

翻译难点突破:在本次翻译教学实践案例中,教学内容的设计非常关键。通过精心设计的教学内容,我们能够帮助学生更好地理解翻译难点,并有效地突破这些难点。教学内容的设计需要结合实际情况和学生的需求,注重培养学生的翻译技能和跨文化交际能力。通过系统性的教学内容设计,我们能够有效地引导学生掌握翻译中的关键技巧,提高他们的翻译水平。因此,教学内容设计在翻译教学中扮演着非常重要的角色,能够有效地帮助学生突破翻译难点,提高他们的翻译能力和水平。

在翻译教学实践中,除了教学内容的设计,教学方法的选择也是至关重要的。针对不同的翻译难点,采用恰当的教学方法能够更好地帮助学生解决问题。例如,对于词汇难点,可以通过词汇扩充训练和词汇对比学习来加深学生的理解。对于语法难点,可以通过语法规则的讲解和练习来提升学生的语法应用能力。还可以利用多媒体教学手段和实践性教学活动加深学生的印象,提高他们的翻译技能。

培养学生的翻译意识也是非常重要的。通过引导学生积极参与课堂讨论和翻译实践,激发他们的学习兴趣,增强他们对翻译的认识和理解。同时,教师还可以引导学生学习翻译案例,分析翻译过程中的问题和解决方法,帮助他们建立正确的翻译观念和方法论。通过这些方式,学生能够更加全面地理解翻译难点,提高他们的应对难点能力。

在教学过程中,教师还应该注重学生的自主学习能力的培养。鼓励学生独立思考和解决问题,引导他们主动获取知识和技能。通过学生自主学习的过程,他们可以更深入地理解翻译难点,提高他们的学习主动性和自我调节能力。因此,教师需要在教学中注重引导学生发挥主体作用,激发他们的学习潜能,帮助他们更好地应对翻译难点。通过教学内容的设计和多种教学方法的运用,结合学生的自主学习能力培养,我们能够更好地帮助学生突破翻译难点,提高他们的翻译水平和能力。

三、教学方法运用

任务型教学是指通过设计具体、明确的任务,让学生在实践中学习和应用知识。在大学英语翻译教学中,任务型教学可以帮助学生更好地理解和掌握翻译技巧和方法。通过设定各种任务,如翻译实践、词汇积累、语法应用等,学生可以在实际操作中不断提升自己的翻译能力。任务型教学注重学生的参与性和实践性，能够激发学生的学习兴趣，培养他们的独立思考能力和解决问题的能力。通过任务型教学，学生可以更加深入地理解英语翻译的规律和技巧，提高翻译水平，达到更高的教学效果。

任务型教学在大学英语翻译教学中扮演着至关重要的角色。通过设计各种具体而明确的任务，学生在实践中不仅能够掌握翻译技巧和方法，还可以提升自己的翻译能力。例如，通过翻译实践，学生可以逐渐熟悉各种翻译技巧，并在实际操作中加深对规律的理解。同时，词汇积累和语法应用也是任务型教学的重要组成部分，学生通过积累词汇和应用语法知识，可以更加流畅地进行翻译。

除此之外，任务型教学还能够激发学生的学习兴趣，培养他们的独立思考能力和解决问题的能力。通过参与各种任务，学生不仅能够在实践中提高自己的翻译能力，还可以培养自己的解决问题的能力，提升综合素质。在任务型教学的引导下，学生可以更加全面地理解英语翻译的规律和技巧，从而提高翻译水平，达到更高的教学效果。

总的来说，任务型教学在大学英语翻译教学中具有重要的地位，它不仅能够帮助学生更好地掌握翻译技巧和方法，还能够培养他们的学习兴趣和解决问题的能力。通过任务型教学的实施，学生可以更好地应用所学知识，提高翻译水平，为以后的学习和工作打下坚实的基础。

合作学习是一种教学方法，通过在小组内合作完成任务来促进学生之间的交流和合作。在大学英语教学中，合作学习可以帮助学生提高翻译能力和英语水平。通过小组合作，学生可以相互讨论和分享想法，发现彼此的不足之处并互相帮助。这种互动和交流可以激发学生学习的兴趣，提高学习效率。同时，合作学习也可以培养学生的团队合作精神和沟通能力，为他们将来的职业发展打下良好的基础。在翻译教学中，采用合作学习的方法可以让学生在实践中不断提升翻译技能，更好地理解和运用英语知识。通过合作学习，学生可以共同解决问题，相互借鉴经验，达到共同学习和提高的目的。总的来说，合作学习是一种有效的教学方法，可以在大学英语翻译教学中发挥重要作用，促进学生的全面发展和提高翻译水平。

在合作学习中，学生不仅可以提高翻译能力，还能够培养批判性思维和解决问题的能力。通过小组讨论和合作，学生可以学会分析和评价他人的观点，培养自己的批判性思维能力。在解决问题的过程中，学生需要充分沟通和协调，这有助于他们提高解决问题的能力，培养团队协作精神。除此之外，合作学习也可以培养学生的领导能力和组织能力，让他们学会如何有效地分配任务和协调团队合作。

通过合作学习，学生能够在实践中不断提升自己的翻译技能，更好地理解和运用英语知识。在小组合作中，学生可以共同面对挑战，共同解决问题，从而加深对知识的理解和应用。合作学习还可以激发学生的学习兴趣，让他们更加主动地参与到学习活动中，提高学习的效率和质量。在未来的职业生涯中，这种团队合作精神和沟通能力也会为学生的发展带来不小的帮助。

总的来说，合作学习是一种促进学生全面发展的有效途径，在大学英语翻译教学中具有重要的意义。通过合作学习，学生不仅可以提高自己的翻译能力和英语水平，还可以培养批判性思维、解决问题能力、领导能力和团队合作精神。因此，在大学教育中，应该大力推崇和实践合作学习，促进学生的全面发展和提高翻译水平。

在大学英语教学中，教师可以运用多媒体辅助教学的方法，通过图像、视频等形式来展示英语翻译的相关内容，提高学生的学习兴趣和理解能力。比如，可以利用PPT展示翻译过程中的难点和技巧，让学生通过视觉方式更直观地理解翻译的要点。同时，教师还可以利用音频播放器播放英文原文，并要求学生进行口译或笔译，以提高他们的翻译能力和应对能力。通过多媒体辅助教学，可以更好地激发学生的学习兴趣，提高他们的学习效果。

在大学英语教学中，多媒体辅助教学的方法不仅可以帮助学生理解翻译的相关内容，还可以激发学生的学习兴趣和提高他们的学习效果。除了利用PPT展示翻译过程中的难点和技巧之外，教师还可以引入互动性强的教学工具和游戏，如在线翻译软件、语音识别软件等，让学生在实践中掌握翻译的技能。教师还可以安排学生进行小组合作，共同解决翻译中遇到的难题，通过交流讨论来提高他们的理解能力和应对能力。

通过多媒体辅助教学，学生不仅可以在课堂上进行实时互动，还可以在课后进行自主学习，通过观看相关视频、听取相关音频来进一步强化英语翻译技能。学生可以通过模拟真实翻译场景的方式，提高他们的应变能力和语言表达能力。通过多媒体辅助教学，教师可以更好地发现学生的学习需求和问题，及时进行指导和帮助，帮助学生更快地提升翻译水平。

总的来说，多媒体辅助教学是一种有效的教学方法，可以激发学生的学习兴趣，提高他们的学习效果，增强他们的学习动力，让英语翻译这门课程变得更加有趣和生动。教师应该不断探索创新，结合多种教学手段，打造出更加丰富多样的教学内容和形式，让学生体会到学习的乐趣和成就感，让他们更加热爱英语翻译，更加享受学习的过程。

在大学英语翻译与英语教学研究中，翻译教学实践案例分析是至关重要的。在实践案例一中，教学方法的运用至关重要，能够有效地帮助学生提高翻译能力。同时，反馈与修正也是不可或缺的一环，能够及时指出学生在翻译过程中存在的问题，帮助他们进行纠正。通过教学方法的巧妙运用和反馈与修正的实施，可以有效提升学生的翻译水平，从而实现更好的英语教学效果。

在大学英语翻译与英语教学研究中，翻译教学实践案例分析的重要性不言而喻。在实践案例中，教师的引导和学生的参与是密不可分的，教师需要善于运用各种教学方法来激发学生的学习兴趣,并帮助他们更好地理解翻译的规则和技巧。在教学过程中,及时的反馈和修正显得尤为重要,通过指出学生在翻译中存在的错误和不足,可以帮助他们及时调整和改进,提高翻译水平。

在实践案例的过程中,教师可以针对不同学生制定个性化的教学计划,根据其学习特点和需求有针对性地进行指导和训练。通过反复练习和实践,学生可以逐渐掌握翻译的技巧,提高译文的质量和准确性。而教师的反馈和修正则是学生学习中不可或缺的一环,只有及时指出错误并给予正确的示范,学生才能更好地理解和掌握规范的翻译方法。

在教学实践中,教师还可以结合实际案例和实际情境进行教学,引导学生在实践中学习、在反馈中成长。通过实践案例的分析和讨论,学生可以更加深入地理解翻译的要点和难点,以及如何运用学到的知识和技巧解决实际问题。通过不断地反思和修正,学生的翻译水平将得到有效提升,英语教学效果也会更加显著。因此,教学方法的巧妙运用和反馈与修正的实施是提高学生翻译能力的关键。

第二节 翻译教学实践案例分析二

一、教师角色定位

促进学生翻译技能发展的重要性不言而喻,教师在翻译教学中的角色定位至关重要。通过教学方法的合理运用以及教师的正确引导,学生在翻译实践中能够全面提升自己的翻译水平。教学方法的灵活运用是关键,教师应在课堂上注重培养学生的翻译技能和实际应用能力,提高学生的翻译水平和对语言的理解。教师的角色应当是引导者、启发者和激励者,通过激发学生的学习兴趣和潜在能力,帮助他们不断提高自己的翻译技能。通过这样的教师角色定位,可以更好地促进学生翻译技能的发展,使他们在未来的翻译实践中更加游刃有余。

在教学实践中,教师的角色至关重要。除了注重学生翻译技能的培养外,教师还应该关注学生的个性特点和学习习惯,因材施教,激发学生的学习热情。在翻译教学中,教师应该不断提供各种资源和渠道,帮助学生进行语言积累和实践,引导他们在翻译过程中发现问题、解决问题,从而提高翻译能力。

教师还应该具备较高的专业素养和翻译技能,不断提升自己的能力和水平,做到言传身教,以身作则。通过分享自己的翻译经验和技巧,教师可以帮助学生更好地理解和掌握翻译方法,逐渐形成自己的独特翻译风格。教师还应该积极开展学生之间的互助合作,鼓励学生相互交流,共同进步,形成良好的学习氛围。

教师的角色既是传道授业解惑者，也是学生学习路上的引路人和支持者。他们要始终关注学生的学习情况，及时发现问题并给予帮助。教师还应该注重鼓励学生自主学习和实践，培养他们独立思考和解决问题的能力，使他们在未来的翻译实践中能够游刃有余，胸有成竹。通过这样的教师角色定位和教学方法的灵活运用，可以更好地促进学生翻译技能的发展，为他们的未来职业发展打下坚实的基础。

在大学英语翻译与英语教学研究中，翻译教学实践案例分析一向被认为是关键的一环。对于教学方法的运用和教师角色的定位，都需要以激发学生潜能为中心。通过实践案例的分析，我们可以更好地了解如何引导学生，激发他们对翻译教学的兴趣和潜能。教师的角色不仅是传授知识，更应该是引导学生探索和思考，从而培养他们的独立思考能力和创造性思维。激发学生潜能是教学过程中至关重要的一环，只有通过不断地激发学生潜能，才能真正实现教学的目标。

在大学英语翻译与英语教学研究中，翻译教学实践案例分析一直被认为是至关重要的。在这个过程中，教师的角色是至关重要的，他们不仅需要传授知识，还需要引导学生进行思考和探索。通过引导学生思考教学案例，可以帮助他们更好地理解翻译教学的重要性和意义。教师应该着重培养学生的独立思考能力和创造性思维，让他们不只是被动地接受知识，而是能够主动地探索和创新。只有激发学生的潜能，才能真正实现教学的目标并让他们取得进步。通过激发学生的学习热情和激情，教师可以帮助他们更好地理解并掌握翻译技巧，从而提高他们的翻译水平和能力。激发学生的潜能是教学过程中的一项核心任务，只有通过不断地激励和启发，学生才能不断进步，真正成为翻译领域的优秀从业者。

二、学生角色定位

学生在翻译教学实践中应该扮演的角色不仅仅是接受知识的被动者，更重要的是要成为课堂的积极参与者。通过积极参与课堂，学生可以更好地理解和掌握所学知识，提高自己的语言水平和翻译能力。在课堂上，学生应该主动提出问题，积极讨论，与老师和同学进行互动，尽最大努力参与到课堂活动中去。只有主动参与课堂，才能真正地理解和消化所学内容，提升自己的学习效果和实际能力。通过主动参与课堂，学生可以充分发挥自己的潜力，得到老师和同学的支持和帮助，从而取得更好的学习成果。

学生在翻译教学实践中的主动参与，是提高学习效果和实际能力的重要手段。通过主动提出问题，积极讨论，与老师和同学互动，学生可以更深入地理解和消化所学内容。而在课堂活动中的积极参与，不仅能够帮助学生提高语言水平和翻译能力，还能够激发学生的学习潜力，促进个人成长。通过主动参与课堂，学生可以得到老师和同学的支持和帮助，在学习中不断成长和进步。同时，主动参与也可以促进学生之间的合作和团队精神，共同成长，共同进步。在翻译教学实践中，学生的主动参与是至关重要的，只有通过积极的参与和努力，才能够取得更好的学习成果。因此，希望每位学生都能在课堂上积极主动参与，充分发挥自己的潜力，获得更多的学习收获。愿大家在主动参与中成长，在参与中进步，共同创造更加美好的学习氛围。

在大学英语教学中，翻译教学是一种重要的教学方法。在这一过程中，教师需要合理运用各种教学方法，以激发学生对翻译的兴趣和积极性。同时，学生在这个过程中的角色定位也至关重要，他们需要主动参与到翻译教学中，不仅是接受者，更应该是参与者和创造者。而批判性思维的培养则是一个重要的目标，通过翻译教学实践，可以促进学生的批判性思维能力的提高。通过实际案例分析的方式，我们可以更好地理解大学英语翻译与英语教学的关系，以及在其中扮演的不同角色。

在翻译教学中，学生要不停地修正自己的翻译，不断思考如何将英语准确地表达出来，这样的过程可以锻炼他们的逻辑思维能力和分析能力。同时，教师也应该鼓励学生去探索各种不同的翻译方式，培养他们的创造力和灵活性。通过这样的互动和合作，学生可以在实践中不断提升自己的翻译水平和批判性思维能力。

学生在参与翻译教学的过程中，也会逐渐培养起自己的自信心和团队合作精神。他们在与同学合作翻译的过程中，可以相互学习，相互促进，一起解决难题，共同成长。在这样的氛围中，学生们可以更好地发挥出自己的潜能，展现出自己的优势。

通过翻译教学，学生可以在实践中不断提升自己的语言能力和批判性思维能力。教师和学生在这一过程中各司其职，共同努力，相互配合，才能达到更高的教学效果。通过不断地实践和探索，我们可以更好地理解和把握大学英语翻译与英语教学之间的联系，以及如何在其中发挥出不同角色的作用。

翻译教学实践案例分析一中，教师使用了多种教学方法，能有效帮助学生提升翻译能力。在翻译教学实践案例分析二中，学生被赋予了明确的角色定位，能够更好地参与学习。通过这样的教学实践，学生的自主学习能力得到了提升，帮助他们更好地掌握英语教学内容。

在论文中，我们可以看到研究者结合了两个翻译教学实践案例，通过对比发现教师们在教学方法的选择上有着不同的侧重点。在第一个案例中，教师采用了多样化的教学方法，通过激发学生的学习兴趣和提升他们的翻译能力。而在第二个案例中，教师给予学生固定的角色定位，让他们在学习过程中更有目标性和参与感。

通过这两个案例的比较分析，我们可以看到学生在参与翻译教学中的自主学习能力得到了显著提升。在第一个案例中，学生通过多种教学方法的应用，获得了更多的学习机会和选择空间，从而有助于培养他们主动学习的意识和能力。而在第二个案例中，学生在被赋予角色定位后，更好地理解了学习的目的和内容，从而能够更有针对性地进行学习，并在实践中不断提升自己的翻译水平。

这两个案例的对比不仅展现了不同教学方法对学生自主学习能力的影响，也为我们提供了启示。在日常的翻译教学实践中，教师可以根据学生的特点和需求，灵活运用多样化的教学方法，激发学生的学习兴趣，提升他们的自主学习能力。同时，给予学生明确的角色定位和任务，让他们在学习中更有目标性和参与感，从而更好地掌握教学内容，提升翻译能力。通过不断探索和实践，我们可以更好地引导学生，帮助他们实现自主学习，提高学习效果。

在大学英语教学中，合作交流是至关重要的一环。学生在翻译教学实践中，通过合作交流，可以相互启发、互相学习，提升翻译能力。合作交流不仅可以促进学生之间的友谊和团队意识，还可以让学生更好地理解课程内容，提高学习效率。教师在进行翻译教学时，也应注重引导学生进行合作交流，促进他们的学习和成长。

在合作交流中，学生可以共同讨论解决问题的方法，互相分享自己的翻译经验，一起探讨难点，共同进步。通过合作交流，学生不仅可以提高自己的翻译水平，还可以学会倾听和尊重他人的意见，培养团队协作能力。在合作交流的过程中，学生们可以从彼此的不同角度来思考问题，从而开拓自己的思维，加深对课程内容的理解。

同时，合作交流也能够帮助学生建立良好的人际关系。在与同学们合作的过程中，学生们可以相互支持、鼓励，共同面对困难，共同享受成功的喜悦。这种友情和团队精神能够激励学生更加投入到学习中，取得更好的成绩。教师在引导学生进行合作交流的同时，也要注重激发他们的合作意识，引导他们学会尊重他人、倾听他人，使学生在合作交流中得到全面的提升和成长。

合作交流在大学英语教学中扮演着至关重要的角色。通过合作交流，学生可以在相互启发、互相学习的氛围中不断提升自己的翻译能力，建立良好的人际关系，培养团队合作精神，实现个人和团队的共同成长。教师应该意识到合作交流的重要性，积极引导和支持学生进行合作交流，为他们的学习之路增添光彩。

三、课堂管理与氛围营造

教学过程中，激励机制的建立是非常重要的。通过有效的激励措施，可以激发学生的学习兴趣和动力，提高他们的学习积极性。在翻译教学实践中，我们可以采取多种激励方式，例如奖励优秀翻译作业、表扬学生在翻译比赛中的表现、设立学习小组来培养合作精神等。通过这些激励机制的建立，可以有效地促进学生的学习效果和教学质量。

在激励机制建立的基础上，我们还可以引入实践场景，让学生通过实际操作来感受到激励带来的成就感和满足感。比如，组织学生参与真实的翻译任务，让他们亲身体会到自己的翻译成果对他人和社会的影响，从而加深对学习的认知和理解。我们可以结合学生的兴趣爱好，设计有趣的学习活动，以激发他们对翻译学习的热情。通过增加趣味性和挑战性，激励学生更加积极主动地参与学习，提高他们的学习效果。

除此之外，建立自我激励机制也是非常重要的。我们可以鼓励学生设立学习目标，并为实现这些目标制定具体可行的计划。通过自我监督和反馈，激励学生不断提升自我，不断超越自我。同时，我们也可以倡导学生之间相互激励、相互促进，建立起积极向上的学习氛围。在学习小组中分享心得体会、相互学习，可以让学生在合作中相互激励，共同进步。

激励机制的建立既是促进学生学习的重要手段，也是提高教学效果的重要保障。通过多种激励方式的灵活运用，可以引导学生养成积极向上的学习态度，提高他们的学习动力和效率。只有不断完善和落实激励机制，才能真正激发学生的潜能，实现教学质量和学习效果的双赢。期待在未来的教学实践中，激励机制能够发挥更大的作用，为学生成长成才提供更好的支持和指导。

课堂互动是指教师和学生之间在课堂中进行的积极互动。通过思想碰撞和知识交流，可以激发学生的学习兴趣，提高学习效果。在课堂互动中，教师可以通过提问、讨论、小组活动等方式，引导学生参与课堂，激发他们的思考和表达能力。通过积极的课堂互动，可以增强学生的学习信心，培养他们的团队合作能力和沟通技巧。因此，构建良好的课堂互动氛围对于提高教学效果和促进学生全面发展具有重要意义。

在课堂互动的过程中，教师扮演着重要的引导者和参与者角色，能够帮助学生主动参与讨论和思考。通过精心设计的提问和小组活动，教师可以激发学生的学习兴趣，激发他们的思考能力和创造力。课堂互动也能够促进学生之间的交流和合作，培养他们的团队合作精神和沟通技巧。

在这种积极的课堂氛围中，学生们能够更加自信地表达自己的观点，展示自己的想法。他们会感受到老师的关注和支持，从而更加愿意参与到课堂讨论中去。这种互动的学习过程不仅仅是知识的传授，更是一种共同探讨和学习的过程。通过和同学们的互动交流，学生们能够不断地完善自己的观点，拓展自己的思维。

除此之外，课堂互动还能够促进学生的全面发展。在与同学们的交流中，他们不仅仅学会了学习知识，还培养了自己的批判性思维能力和解决问题的能力。在互动中，学生们会学会尊重他人的观点，积极倾听他人的建议，这种良好的互动习惯将会伴随他们一生。

总的来说，良好的课堂互动氛围对于提高教学效果和促进学生全面发展有着重要的意义。通过思想碰撞和知识交流，教师能够引导学生更好地参与到课堂讨论中去，激发他们的学习热情和思考能力。在互动中，学生们也会从中受益，不仅仅是在知识上，更是在个人能力和综合素质上得到提升。这样的课堂互动模式不仅有利于学生的成长，也将极大地提高整个教学过程的质量。

学术氛围的营造对于大学英语翻译教学至关重要。在课堂上，教师可以通过引导学生思考、鼓励他们参与讨论、设立小组互动等方式来营造积极的学习氛围。学生在积极的学术氛围中，会更加主动地参与到翻译教学中，提高学习的效果。同时，教师也应该注重传授学术规范和道德，引导学生在学术领域保持诚实、独立和严谨的态度。通过营造良好的学术氛围，可以有效提升学生的学习动力和成就感，促进他们在翻译教学中的全面发展。

在大学英语翻译教学中，学术氛围的营造是至关重要的。教师在课堂上可以通过各种方式来促进学生的思考和讨论，例如设置互动小组讨论、组织学术论文分享会等。在这样的学术氛围中，学生们能够更加积极地参与到翻译教学中，并且在学习过程中感受到自己的成长和进步。教师也需要注重教授学术规范和道德，引导学生保持诚实、独立和严谨的态度，从而培养他们在学术领域的专业素养。

通过营造良好的学术氛围，不仅可以提高学生的学习动力和成就感，还能够促进他们在翻译教学中的全面发展。学生们在这样的氛围中能够更好地理解和应用所学知识，培养批判性思维和解决问题的能力，为未来的学术和职业发展奠定坚实基础。因此，教师应该在教学中不断探索适合学生的学术氛围营造方法，激发他们的学习兴趣，帮助他们成为具有高水平翻译能力和学术素养的人才。通过共同努力，我们可以打造一个积极向上、充满学术氛围的教学环境，为学生的未来奠定坚实基础。

在大学英语教学中，文化沟通融合是至关重要的。通过教学实践案例分析一和案例分析二的对比，我们可以看到教学方法的灵活运用和课堂管理氛围营造对文化沟通融合的影响。学生们在这样的教学环境中能够更好地理解和运用英语翻译，同时也能更好地体会到不同文化之间的交流与融合。通过不断完善教学方法和课堂管理，我们可以更好地实现文化沟通的目标，为学生们打开更广阔的视野，提升他们的跨文化交流能力。

在大学英语教学中，文化沟通融合的实现是一项挑战性任务。教师们需要不断探索适合学生的教学方法，通过实践案例分析不断总结经验教训。在案例分析一中，教师灵活运用了多种教学手段，包括小组讨论、角色扮演等，为学生提供了更多展示自己的机会，并让学生们更好地理解和运用英语翻译。而在案例分析二中，教师注重课堂管理氛围的营造，营造了一个轻松自由的学习环境，促进了学生之间的交流与合作，让他们更好地体会到不同文化之间的交流与融合。

教学方法的灵活运用和课堂管理氛围的营造对文化沟通融合起着至关重要的作用。只有教师不断改进教学方法，不断完善课堂管理，才能更好地实现文化沟通的目标。在这个过程中，教师不仅需要关注学生的语言能力提升，更要注重培养学生的跨文化交流能力。只有通过开展一系列文化沟通的活动，如讲座、讨论、演讲等，才能让学生们打开更广阔的视野，增进彼此之间的了解和尊重。

因此，大学英语教学需要不断探索创新，为学生提供更多实践机会，让他们在多种文化背景下进行交流与合作。只有这样，学生们才能真正掌握英语，提升跨文化交流能力，为未来的国际交流与合作打下坚实的基础。

第三节　翻译教学实践案例分析三

一、课程设计与教学实施

课程结构设计是大学英语翻译与英语教学研究中至关重要的一环。在这一设计过程中，需要考虑到教学目标的明确、内容的合理安排以及教学方法的灵活运用。通过科学合理地设计课程结构，可以有效提高学生的学习效果，引导他们更好地掌握翻译技巧和英语教学方法，为将来的学习和工作打下坚实的基础。在翻译教学实践案例分析中，课程结构设计是一个至关重要的环节，它直接关系到教学效果的好坏以及学生的学业成绩。

教学方法的运用是课程结构设计中需要重点考虑的一部分。通过灵活多样的教学方法，可以激发学生的学习兴趣，提高他们的学习积极性，促进知识的消化和吸收。在大学英语翻译与英语教学中，通过引导学生积极参与课堂讨论、案例分析、角色扮演等多种形式，可以有效帮助他们理解和掌握翻译技巧，提高英语水平。

课堂管理与氛围营造是课程设计中另一个不可忽视的方面。通过营造积极向上的学习氛围，可以有效减少学生的压力感，激发他们的学习热情，提高他们的学习效果。在翻译教学实践案例分析中，通过良好的课堂管理和氛围营造，可以帮助学生更好地理解学习内容，增强他们的学习动力。

课程设计与教学实施是大学英语翻译与英语教学研究中不可或缺的部分。通过科学合理地设计课程结构，灵活运用教学方法，有效管理课堂，营造良好的学习氛围，可以提高学生的学习效果，培养他们的翻译技能和英语水平，为他们的未来发展奠定坚实基础。在翻译教学实践案例分析中，课程结构设计的重要性不言而喻，希望通过对这一方面的研究和实践，能够进一步提高教学质量，促进学生的全面发展。

在当今快节奏的社会中，学生们经常面临着诸多压力和挑战。作为论文写作专家，我们应该意识到，为了提高学生的学习效果和翻译技能，课程结构设计是至关重要的。除了教学方法和课堂管理外，营造积极向上的学习氛围也是必不可少的。通过激发学生的学习热情和减少他们的压力感，可以帮助他们更好地理解学习内容，增进学习动力。

在我多年的教学实践中，我发现，一个良好的课程结构设计可以为学生提供清晰的学习路径和目标，帮助他们更好地规划学习时间和任务。通过合理设置学习内容和任务，可以引导学生逐步掌握知识和技能，提高学习效果。在课堂上创造一个互动性强、氛围轻松愉快的环境也是至关重要的。通过与学生互动、讨论和合作，可以激发他们的思维和创造力，提升学习的趣味性和深度。

在翻译教学实践案例分析中，我曾经遇到过一个学生，由于课程结构设计不合理，学习内容过于枯燥乏味，导致他的学习动力下降，翻译水平也停滞不前。经过调整课程结构，增加互动环节和实践机会，这名学生逐渐找回了学习的兴趣，翻译水平也有了明显提升。

因此，我深信课程结构设计的重要性，希望通过不懈的努力和创新，为学生提供更优质的教学体验，促进他们的全面发展和成长。在未来的教学实践中，我将继续不断优化课程设计，以期更好地满足学生的学习需求，为他们的未来之路铺平道路。

翻译教学实践案例分析一中，老师通过灵活运用不同的教学方法，能够有效地提高学生的翻译能力。在翻译教学实践案例分析二中，课堂管理和氛围的营造对学生的学习效果有着重要的影响。而在翻译教学实践案例分析三中，精心设计的课程和教学实施可以有效地帮助学生提升翻译水平。通过对这些教学内容的梳理，可以更好地指导学生在大学英语翻译与英语教学方面取得更好的成绩。

在教学内容梳理的过程中，我们可以看到不同的教学方法在提高学生翻译能力方面的作用。通过灵活运用不同的教学方法，老师可以在教学中更好地引导学生，激发学生学习的积极性和主动性。同时，在课堂管理和氛围营造方面，对学生的学习效果也有着显著的影响。一个良好的课堂管理和融洽的学习氛围可以激发学生的学习兴趣，促进学生更好地掌握翻译技巧和方法。精心设计的课程和教学实施也是帮助学生提升翻译水平的重要因素之一。在教学过程中，老师应该根据学生的实际需求和特点，有针对性地设计课程内容和教学方案，帮助学生更好地理解和掌握知识。通过对教学内容的梳理和总结，可以更好地指导学生在大学英语翻译与英语教学方面取得更好的成绩。只有理清教学内容，深入剖析教学实践案例，才能更好地呵护学生成长，引导他们在学习中不断进步和提升。

在研究大学英语翻译与英语教学的过程中，重要的一环就是对翻译教学实践案例进行分析。在教学方法的运用方面，我们需要关注如何有效地教授学生翻译技能。在课堂管理与氛围营造方面，我们需创造积极的学习氛围。在课程设计与教学实施中，我们要确保教学内容能够有效地传达给学生。在这个过程中，任务的分配与评估也是非常重要的一环，能够帮助我们更好地了解学生的学习情况。

在研究大学英语翻译与英语教学的过程中，任务分配与评估起着至关重要的作用。

通过合理的任务分配，我们可以更好地指导学生掌握翻译技能，并提高他们的翻译水平。在任务设计上，我们需要根据学生的实际情况和能力水平设置不同难度和类型的任务，以激发他们的学习兴趣和提升他们的学习动力。

在任务分配的过程中，我们也需要注重对学生的评估。通过及时、全面地对学生完成任务的质量进行评估，我们可以更好地了解他们的学习情况和掌握程度，及时发现问题并采取有效措施加以纠正。只有通过不断的评估，我们才能有效地引导学生，帮助他们克服困难，提高翻译技能。

在进行任务分配与评估时，也需要注重学生的个体差异性。不同的学生具有不同的学习风格、学习能力和学习需求，我们需要根据这些差异性，灵活调整任务的设置和评估方式，以确保每位学生都能够得到个性化的指导和帮助，实现最大程度的学习效果。

在研究大学英语翻译与英语教学的过程中，任务分配与评估是至关重要的一环，它不仅可以帮助我们更好地指导学生，提高他们的翻译水平，同时也可以促进学生个性化教育的实施，为他们的学习之路提供有力支持和指导。

二、翻译实践与实训

在大学英语教学中，翻译教学实践案例分析是非常重要的。通过多样化实践活动，学生能够更好地掌握翻译技能和提高英语水平。在实践活动中，教学方法的有效运用起着至关重要的作用，能够使学生更好地理解和掌握知识。同时，课堂管理和氛围的营造也是至关重要的，可以让学生在轻松愉快的氛围中学习，更好地理解和应用所学知识。翻译实践与实训也是非常重要的，通过实践，可以让学生真正地应用所学的知识，提升实际操作能力。因此，通过以上多样化实践活动的进行，能够更好地促进学生的学习效果，提高他们在翻译领域的能力和水平。

在多样化实践活动中，教师应该激发学生的学习兴趣，让他们对翻译教学产生浓厚的兴趣。通过举办翻译比赛、模拟翻译实训等活动，可以激发学生的积极性和主动性，提高他们的参与度和学习效果。同时，教师还可以根据学生的不同特点和需求，设计个性化的实践活动，让每个学生都能够找到适合自己的学习方式，更好地提升翻译技能。

学校还可以与企业、社会组织等合作，开展实践项目，让学生有机会在真实场景中进行翻译实践，更好地将所学知识运用到实际工作中。这样不仅可以提高学生的实际操作能力，还能够培养学生的团队合作意识和创新精神，为他们未来的职业发展奠定坚实的基础。

总的来说，多样化实践活动对于提高学生的翻译水平和能力至关重要。通过不断探索和创新，不断完善翻译教学实践，可以帮助学生更好地应对日益复杂多变的翻译需求，为他们的学习和职业发展打下坚实的基础。

针对大学英语翻译与英语教学研究，我们进行了一系列翻译教学实践案例分析。在第一项实践案例中，我们重点关注了教学方法的运用，通过创新的教学方式和手段来提高学生的翻译水平。在第二项实践案例中，我们探讨了课堂管理与氛围营造对于翻译教学的重要性，营造积极、高效的学习氛围。而在第三项实践案例中，我们将翻译实践与实训相结合，让学生在实际项目中进行翻译实践，提升他们的实际操作能力。我们设计了一些实践项目，帮助学生更好地理解和应用所学知识，为他们未来的翻译工作做好准备。通过这些实践案例的分析，我们不断完善教学方法，提升翻译教学的质量，为大学英语翻译教学的研究和实践做出积极的贡献。

在实践项目设计的过程中，我们不断尝试各种教学方法和手段，以提高学生在大学英语翻译与英语教学领域的实际能力。我们致力于创新教学方式，采用多种途径来激发学生的学习兴趣和提升他们的翻译水平。在设计的第一项实践案例中，我们特别注重教学方法的灵活运用，力求通过多元化的教学方式帮助学生更好地理解和应用所学知识。第二项实践案例中，我们着重研究了课堂管理和营造良好学习氛围的重要性，努力营造积极、高效的学习环境，以促进学生的学习效果和认知能力的提升。第三项实践案例则更加注重翻译实践和实训的结合，让学生在实际项目中进行翻译实践，提高他们的实际操作技能和应变能力。通过这一系列实践项目的设计与探索，我们不断完善教学方法，提升教学质量，为大学英语翻译与英语教学研究领域的发展贡献力量。我们坚信，通过不断地实践与探索，我们能够为学生的未来翻译工作奠定坚实的基础，并为整个行业的进步做出积极的贡献。

教学方法运用是研究大学英语翻译教学不可或缺的一环。在案例分析中，我们可以看到导师们不断尝试各种教学方法，如分组讨论、角色扮演、多媒体展示等，以提升学生的翻译水平。通过这些方法的灵活运用，学生们在课堂上有更多机会参与、思考，从而更好地掌握翻译技巧。

课堂管理与氛围营造是保证翻译教学有效进行的重要因素。案例分析中显示，导师们注重营造和谐的学习氛围，通过鼓励学生表达意见、尊重每个学生的不同声音，让学生们在轻松、积极的氛围中学习翻译知识。有效的课堂管理和良好的氛围营造，有助于提高学生的学习积极性和参与度。

翻译实践与实训是培养学生实际翻译能力的有效途径。通过将学习内容与实际翻译任务结合，导师们为学生提供了丰富的实践机会，让他们在实际操作中不断提升翻译水平。同时，导师们还注重对学生的实训效果进行评估和展示，以激励他们在翻译实践中不断突破和进步。

在实践成果展示环节，学生们有机会展示他们在翻译实践中的成果和收获。通过展示实际翻译作品，学生们不仅可以加深对翻译知识的理解，还能够增强自信心，激发学习兴趣，为今后的翻译实践奠定坚实基础。通过实践成果展示，我们也可以更全面地了解学生的学习情况，以便更好地指导和帮助他们提高翻译水平。

在实践成果展示环节，学生们积极展示了他们在翻译实践中的优秀作品。他们通过展示自己的翻译成绩，展现了在课堂学习和实践中的努力和实力。这些作品不仅丰富多样，还展现了学生们的独特风采和才华。他们通过展示翻译作品，展示了自己对翻译事业的热爱和追求。在实践成果展示中，学生们展现出了专业技能和学习成果，为自己未来的职业发展打下了坚实基础。

通过实践成果展示，学生们得到了来自导师和同学们的认可和肯定。他们的努力和付出得到了应有的回报，激励着他们在未来的学习和实践中不断挑战自我，追求更高的成就。在展示过程中，学生们展现了团队合作的精神和创新能力，充分体现了他们在翻译实践中的优秀表现。展示环节不仅是对学生们学习成果的一次检验，更是对他们自身能力的一次展示和提升。

在实践成果展示中，学生们展现出了良好的学习态度和严谨的工作态度。他们不畏困难，勇于挑战，不断追求卓越。通过展示翻译作品，学生们对自己的翻译水平和能力有了更深入的认识，也为自己未来的职业发展和学术研究打下了坚实的基础。实践成果展示不仅是学生们展示自己风采和才华的舞台，更是他们人生道路上的重要一步，让他们在翻译实践中不断成长和进步。

在大学英语翻译与英语教学研究中，翻译教学实践案例分析是至关重要的。通过对教学方法的运用、课堂管理与氛围营造以及翻译实践与实训的案例分析，我们可以获得丰富的经验和反思。这些案例的总结和反思不仅可以指导我们更好地开展翻译教学工作，也可以为英语教学领域提供有益的借鉴和启示。通过深入研究和实践，我们可以不断提升教学质量，培养出更优秀的翻译人才。

在实际的翻译教学工作中，我们必须不断总结经验，不断反思实践中的问题和不足。只有通过案例的具体分析，我们才能更好地理解教学方法的有效性，更好地处理课堂管理与氛围营造的关系，更好地促进学生的翻译实践与实训能力的提高。这种总结和反思的过程，不仅可以帮助我们不断完善翻译教学的方法和理念，也可以让我们更好地把握英语教学领域的发展方向和趋势。通过深入研究和实践，我们可以逐步提高教学质量，培养出更具备国际竞争力的翻译人才。只有通过不断地总结经验和反思，我们才能不断提升自身的教学水平，为翻译事业的发展贡献自己的力量。

在大学英语翻译与英语教学的研究中，研究了翻译教学实践案例分析的教学方法运用。还对课堂管理与氛围营造进行了深入探讨，同时也研究了翻译实践与实训的重要性。个性化指导也是其中的关键，可以帮助学生更好地理解和掌握翻译技巧。

在翻译教学实践中，个性化指导扮演着重要的角色。通过个性化指导，教师可以更好地了解每位学生的学习特点和需求，从而有针对性地进行教学。对于那些在翻译技巧上存在困难的学生，个性化指导可以帮助他们找到适合自己的学习方法，提高学习效果。个性化指导也可以激发学生的学习兴趣，让他们更加专注于翻译实践中的细节，帮助他们在实践中更好地掌握翻译技巧。

在课堂管理与氛围营造方面，个性化指导也能起到积极作用。通过个性化指导，教师可以更好地把握课堂氛围，使之更加轻松活泼，让学生在愉快的氛围中学习。同时，个性化指导也可以帮助教师更好地管理课堂，根据学生的学习情况进行灵活调整，确保每个学生都能得到适合的指导和帮助。在翻译实践与实训方面，个性化指导更是至关重要。通过了解每位学生的实际情况，教师可以为他们提供更加专业和个性化的指导，帮助他们在实践中不断提高。通过个性化指导的帮助，学生们可以更好地理解和掌握翻译技巧，为将来的翻译实践打下坚实的基础。

个性化指导在翻译教学实践中具有重要意义。它可以帮助学生更好地学习和掌握翻译技巧，提高他们的学习兴趣和专注度。同时，个性化指导也有助于提升课堂管理与氛围营造的效果，使学生在良好的学习环境中取得更好的学习效果。在翻译实践与实训方面，个性化指导更是不可或缺的，它可以帮助学生们在实践中不断进步，为未来的翻译事业奠定坚实的基础。

三、翻译教学成果评估

在大学英语翻译教学中，评估学生翻译能力是至关重要的一环。而要对学生的翻译能力进行评估，需要建立起一个全面、科学的评价体系，包括口译和笔译等多方面的能力要求。

对于口译能力的评估，可以通过模拟口译考试的形式来进行。学生需要在规定的时间内听取一段英文演讲或者对话，并将其口译成中文。评分标准可以包括译文的准确性、流利度、语言表达能力等方面。同时，还可以通过实际的口译演练来评估学生的应变能力和专业技巧，以及对不同语境下语言表达的能力。

对于笔译能力的评估，可以通过翻译作业和考试的形式来进行。学生需要翻译一篇英文文章或者一段对话，并在保持原文意思的基础上进行优秀的表达。评分标准可以包括译文的准确性、流畅性、语法和标点的准确性等方面。同时，还可以通过对学生翻译作品的赏析和点评来评估他们的独立思考和语言处理能力。

除了口译和笔译能力的评估，还可以通过学生的翻译实践能力来进行评估。比如，让学生参与模拟的跨文化交流活动，让他们在实际场景中运用所学的翻译技能。通过观察学生在不同文化背景下的语言表达和沟通能力，可以更全面地评估他们的翻译能力。

总体来说，大学英语翻译教学中对学生翻译能力的评估应该是全面、科学和客观的。只有通过不同形式的评估和考核，才能更好地帮助学生发现自己的不足和提高空间，从而更好地提升翻译能力，为将来的工作和学习打下坚实的基础。

在大学英语翻译教学中，学生的翻译能力不仅仅是通过口译和笔译能力的评估来衡量的。实际上，学生的翻译实践能力也是至关重要的。参与跨文化交流活动可以让学生在真实场景中运用所学的翻译技能，从而更好地了解不同文化背景下的语言表达和沟通能力。通过这样的实践，不仅可以提高学生的独立思考能力，还可以锻炼他们在实际环境中快速准确地应对问题的能力。

除了实践能力外，学生还应该具备扎实的理论基础。在翻译教学中，学生应该深入学习翻译理论，并且能够灵活运用于实践中。只有理论与实践相结合，学生才能真正提升其翻译能力。注重学生的语言表达能力也是评估学生翻译能力的重要方面。一个翻译优秀的学生不仅应该能准确翻译文本，还应该能够流畅自如地表达，让译文更具说服力和自然度。

在评估学生的翻译能力时，应该全面考量其口译、笔译、实践、理论和语言表达方面。只有通过各个方面的评估，才能更全面地了解学生的实际水平，帮助他们不断提升翻译能力，为未来的学习和工作打下坚实基础。

在大学英语翻译与英语教学研究领域，学生们可以通过多种方式展示自己的翻译成果和分享翻译经验。其中，翻译作品展示是一个很好的方式，学生们可以将他们的翻译作品展示在学校的展览中，或者在线上平台上发布分享。这不仅可以让其他同学和老师们欣赏学生们的翻译功力，还可以在展示中获得反馈和建议，进一步提高自己的翻译水平。

举办翻译比赛也是个很好的方式，学生们可以在比赛中展现自己的翻译技巧和创造力。比赛的主题可以涵盖不同领域，如文学、商务、科技等，以激发学生们的兴趣和挑战他们的翻译能力。同时，比赛也为学生们提供了一个展示自己的舞台，激励他们更进一步地学习和提高翻译水平。

除了展示和比赛，学术论文的发布也是一个非常重要的方式，学生们可以撰写关于翻译教学和翻译理论的学术论文，并在学术期刊或会议上发表。通过研究和探讨翻译教学中的问题和挑战，学生们可以加深对翻译本质和技巧的理解，同时也可以为翻译教学的实践提供有益的思考和建议。在学术论文的发布过程中，学生们还可以与其他研究者进行交流和讨论，拓宽自己的视野和学术圈子。

展示翻译成果和分享翻译经验是大学英语翻译与英语教学研究中非常重要的一部分。通过不断的展示和分享，学生们可以激发学习兴趣，互相学习借鉴，共同提高翻译水平，为更好地传承和发展翻译教学事业做出贡献。希望广大学生能够积极参与翻译活动，展示自己的翻译才华，共同推动翻译与英语教学的繁荣发展。

展示翻译成果和分享翻译经验对于学生们来说是至关重要的。在学术论文的撰写和发表过程中，他们有机会深入研究翻译教学中的难题，并提出实质性建议。通过与其他研究者的交流和讨论，他们可以不断扩展自己的学术视野，获得不同领域的见解和启发。

展示和分享翻译成果也可以激发学生们的学习热情，促使他们更加努力地提升自己的翻译技能。通过相互学习和借鉴，他们可以共同进步，共同成长。在这个过程中，学生们不仅能够发挥自己的翻译才华，还能够为翻译教学事业的发展贡献自己的力量。

展示翻译成果和分享翻译经验也可以促进学术界的合作与交流。学生们可以通过学术期刊或会议结识志同道合的同仁，建立良好的合作关系。这样的合作与交流，不仅可以促进翻译教学研究的进一步深化，还可以推动翻译与英语教学事业的繁荣与发展。

因此，希望广大学生能够积极参与各类翻译活动，展示自己的翻译才华，与他人分享翻译经验，共同努力推动翻译与英语教学事业的繁荣发展，为学术界的进步贡献自己的力量。展示成果，分享经验，让我们一起为翻译教学事业的蓬勃发展添砖加瓦！

在大学英语翻译教学中，反馈机制是非常重要的一环。通过及时有效的反馈，教师可以了解学生的学习情况和需求，及时调整教学方法，改进教学效果。同时，学生也可以通过反馈了解自己的不足之处，及时改进和提高自己的翻译能力。

老师对学生翻译作品的评价是非常关键的一环。老师应该针对学生的翻译作品进行认真严谨的评价，指出学生已经掌握的知识和技能，同时也要指出学生尚需提高的地方。在评价过程中，老师应该客观公正，不偏不倚，让学生感到自己的努力得到了认可，同时也有进步空间需要继续努力。

学生接受反馈的态度也很重要。学生在接受老师的评价时，应该保持开放的态度，虚心接受批评和建议，尽力不要被否定的部分影响自己的情绪和信心。只有这样，学生才能真正从反馈中受益，不断提高自己的翻译水平。

在反馈的基础上，教师可以根据学生的实际情况做出相应的调整和改进。如果学生普遍在语法方面存在问题，教师可以增加相应的语法讲解和练习；如果学生在理解原文的逻辑和文化背景方面较薄弱，教师可以增加相关的背景知识讲解和讨论等等。通过不断地反馈和调整，教师可以更好地满足学生的需求，提高教学效果。

通过反馈和调整的过程，学生和教师之间建立起一种密切的互动关系。教师可以根据学生的学习情况和反馈意见，灵活地调整教学内容和方式，以更好地适应学生的需求。而学生也通过观察和感受到教师的调整和改进，不断提升自己的翻译水平和能力。

在这个过程中，学生不仅可以获得更系统和全面的知识，还会逐渐培养起独立思考和解决问题的能力。通过不断接受挑战和调整，他们能够更快地适应翻译领域的要求，提升自身的竞争力和实际应用能力。

而教师也将在这一过程中不断提升自己的教学水平和方法。通过与学生的互动，教师可以更加深入地了解学生的学习特点和需求，不断改进自己的教学方法，使之更贴近学生的实际需要，更符合翻译市场的需求。

总的来说，反馈与调整是一种相互促进的机制，通过这种机制，学生和教师可以相互激发，相互成长。只有在这种积极的互动中，学习者才能够真正地提高自己的翻译水平，为今后的学习和职业发展奠定坚实的基础。

四、翻译教学发展与创新

研究表明，在大学英语翻译教学中，新技术的应用对学生的学习效果和动力有着显著的提升作用。其中，计算机辅助翻译技术是一种被广泛应用的技术。通过使用翻译软件，学生可以快速准确地进行翻译，同时也可以通过软件提供的反馈和纠错功能改进自己的翻译水平。这种技术不仅可以节省学生的时间和精力，也可以提高翻译质量和效率。

虚拟现实技术在翻译教学中的应用也逐渐受到关注。通过虚拟现实技术，学生可以身临其境地体验各种语境下的翻译挑战，如法庭审判、国际会议等场景，从而提高他们的实战能力和应对能力。这种技术使得学生可以更加直观地了解不同语境下的语言运用规则和习惯，从而更好地适应翻译工作的需求。

在翻译教学发展与创新方面，还有许多探索和尝试。比如，结合在线课程和实践活动，通过在线平台进行翻译实践，借助网络资源进行跨文化交流和合作，促进学生的翻译能力提升；同时，也可以开设翻译沙龙、翻译比赛等活动，激发学生学习翻译的兴趣，提高学生的实际应用能力。

总的来说，随着科技的不断创新和发展，大学英语翻译教学也需要不断更新教学理念和方法，积极探索新技术的应用，并将其融入到教学实践中，以提升学生的翻译能力和综合素质。希望未来能有更多有关翻译教学的研究和实践案例，为大学英语翻译教学提供更多有益的启示和帮助。

在翻译教学领域，技术的应用一直是不断探索和尝试的过程。除了在线课程和实践活动的结合外，还可以借助虚拟现实和增强现实等技术手段，让学生身临其境地感受不同语境下的文化与语言，提高他们的跨文化沟通能力。利用人工智能技术，也可以辅助学生进行语言运用规则的自动分析和纠错，为他们提供更有效的学习反馈和指导。

同时，在翻译教学中，还可以通过多媒体教学资源的开发与利用，为学生提供更加生动有趣的学习体验。例如，利用视频、音频等形式展示不同语言环境下的实际交流场景，让学生在视听中感知和理解文化差异，从而更好地应对翻译工作中的挑战。

除了技术应用的探索，翻译教学还可以开展更多实践性的课程设计，如模拟翻译项目、实地考察等活动，让学生在真实场景中锻炼翻译技能，培养他们的实际操作能力。通过这些探索和实践，可以更好地激发学生的学习兴趣，提高他们的学习积极性，为他们的未来职业发展奠定坚实的基础。

总而言之，技术应用在大学英语翻译教学中扮演着越来越重要的角色，为教学提供了更广阔的发展空间和可能性。希望未来能有更多关于技术在翻译教学中的创新实践，为学生的学习提供更多有益的支持和帮助。

近年来，随着全球化的发展和信息技术的普及，大学英语翻译教学也在不断改革和创新。在教学方法方面，越来越多的教师开始尝试运用多元化的教学理念和策略，以激发学生的学习兴趣和提高他们的翻译能力。

一些教师开始尝试引入任务型教学法，通过设置具体的翻译任务来激发学生的学习动力。例如，可以要求学生通过翻译一篇真实文章或视频中的对话来锻炼他们的翻译技能，这不仅可以提高学生对语言的理解能力，还可以增加他们的实际应用能力。一些教师还会在课堂中引入合作学习和社会化学习的元素，让学生在小组中相互合作、讨论和分享，以促进他们的学习效果。

教学模式的创新也成为了翻译教学的重要趋势。有些大学已经开始实行双语教学，将英语翻译纳入到其他学科的课程中，让学生在学习知识的同时也提升他们的英语翻译能力。同时，一些学校还尝试引入在线教学平台，让学生能够在课堂之外继续学习和练习翻译，以拓展他们的学习空间和时间，提高学习的效率和效果。

教师在课堂管理与氛围营造方面也起到了至关重要的作用。他们需要不断关注学生的学习状态和情绪变化，及时调整教学节奏和方式，确保学生能够在轻松愉快的氛围中学习。同时，教师还需要积极鼓励学生，给予他们充分的支持和肯定，激励他们继续努力学习，不断提升自己的翻译能力。

总的来说，大学英语翻译教学的发展离不开教师们的不断尝试和创新。通过引入新的教学理念、运用多元化的教学策略和采用创新的教学模式，可以有效提高学生的翻译能力和水平，为他们未来的学习和工作打下坚实的基础。希望在未来的教学实践中，我们能够不断探索和创新，为大学英语翻译教学带来更多的可能性和机会。

教学方法创新是大学英语翻译教学中至关重要的一环。随着时代的发展和学生的需求不断变化，教师们需要不断尝试各种新颖的教学方法，以激发学生学习的兴趣和潜能。例如，可以结合多媒体技术，设计富有创意的教学内容，让学生在视听和互动中获得知识的启发；也可以引入项目化学习，让学生在实际的翻译实践中巩固所学知识，培养独立思考和解决问题的能力。

教师还可以利用在线教学平台和虚拟教学资源，为学生创造更加自由、灵活的学习空间和时间。通过网络教学，学生可以随时随地进行学习，充分利用碎片化时间，提高学习效率和效果。同时，教师也可以通过在线交流和讨论，促进学生之间的互动和合作，拓展他们的学习视野，提高学习成果的质量。

在不断探索和创新中，教师们需要时刻保持对教学的热情和责任感，不断提升自己的教学水平和能力。只有敢于尝试，才能发现更多适合学生的教学方法，让每一堂课都成为学生成长的契机，为他们的未来之路添砖加瓦。愿我们在教学的道路上不断前行，为大学英语翻译教学带来更多的创新与可能。

第七章 未来发展趋势：英语翻译与英语教学的创新与应用

第一节 英语翻译的发展趋势

一、人工翻译的应用

在大学英语教学中，人工翻译起着至关重要的作用。人工翻译不仅可以帮助学生理解和掌握英语知识，还可以帮助他们提高翻译能力。在进行翻译过程中，学生需要理解原文的意思，并将其准确地转换成目标语言，这不仅考验了他们的语言水平，更锻炼了他们的逻辑思维和表达能力。

人工翻译有助于培养学生的语言交流能力。通过翻译，学生可以更好地理解不同语言和文化之间的差异，增强跨文化交流的能力。在现今全球化的背景下，培养学生的语言交流能力变得至关重要，而人工翻译正是一个有效的途径。

人工翻译还可以促进英语教学的创新与应用。传统的英语教学方法往往枯燥乏味，学生对学习兴趣不高。而通过引入翻译教学，可以让学生在实践中学习，提高学习的效率和趣味性。同时，翻译也为教师提供了更多的教学资源和方式，促进了英语教学的多样化发展。

在未来的发展趋势中，英语翻译与英语教学将实现更深入的融合。随着科技的不断发展和人工智能的应用，机器翻译在一定程度上会取代人工翻译。然而，人工翻译在大学英语教学中的地位将不可替代。因为人工翻译不仅能够更好地传达原文的情感和意义，更可以培养学生的思维能力和表达能力，从而帮助他们更好地应对未来的挑战。

总的来说，人工翻译在大学英语教学中扮演着重要的角色。通过翻译，学生不仅能够更好地理解和掌握英语知识，更可以提高翻译能力和语言交流能力。未来，英语翻译与英语教学的结合将不断创新与发展，为培养更多优秀的英语人才奠定坚实的基础。我们期待着未来,看到英语翻译与英语教学的更多精彩发展!

英语翻译与英语教学的融合将促进学生在跨文化交流中的能力提升,培养他们的创新精神和国际视野。通过翻译实践,学生可以更好地感受不同语言和文化间的差异与联系,拓展自己的认知边界。同时,英语翻译也是培养学生解决问题能力和团队合作精神的有效途径。在实际的翻译过程中,学生需要不断分析、推理和合作,从而提高自己的综合素质。

在大学英语教学中,人工翻译也可以作为一种有效的评估方式,帮助教师了解学生的学习情况和水平。通过考察学生的翻译能力,教师可以更好地指导学生的学习方向,及时纠正他们在语言运用中的问题,促进他们的全面发展。因此,人工翻译在教学评估中扮演着至关重要的角色,为学生的学习提供有力支持。

随着社会的不断发展和国际化进程的加速推进,英语翻译与英语教学的融合将在更广泛的领域中发挥重要作用。从商务沟通到学术交流,从文化传播到国际合作,英语翻译都将扮演着连接不同文化和民族的桥梁。因此,我们需要不断探索和拓展英语翻译与英语教学的新模式和新方法,在全球化的背景下促进跨文化交流和理解,为世界的和平与发展作出更大的贡献。愿英语翻译与英语教学之间的结合不断创新、不断深化,为培养更多具有国际竞争力的人才助力。

英语翻译的发展趋势正在朝着智能化和自动化方向发展。随着人工智能和机器翻译技术的不断进步,翻译软件和工具已经成为我们日常生活和工作中必不可少的一部分。尽管机器翻译在一些方面已经取得了令人瞩目的进展,但人工翻译仍然具有独特的优势。人工翻译不仅可以更准确、自然地传达原文意思,还能更好地处理语言含义和文化情境之间的关系,使译文更具有文化特色和语言魅力。

人工翻译在跨文化交流中扮演着至关重要的角色。在全球化的今天,不同国家和文化之间的交流和合作日益频繁,而翻译正是促进这种交流和理解的桥梁。通过人工翻译,我们可以突破语言障碍,传递各种文化间的思想、价值观和情感,促进不同文化之间的相互理解和沟通。在国际政治、经济、文化领域,人工翻译的重要性不言而喻,它在促进世界和平与发展方面发挥着举足轻重的作用。

英语教学也正处于转型和创新的时期。随着全球英语的地位不断上升,英语作为 lingua franca 的作用越来越显著。因此,我们需要不断探索创新的英语教学方法,提高学生的英语水平和跨文化沟通能力。英语翻译作为一种重要的学科和技能,应当纳入英语教学的范畴,帮助学生更好地理解和运用英语,促进跨文化交流和理解。

在未来的英语教学中,我们可以通过英语翻译的教学来培养学生的语言表达能力和跨文化意识。通过翻译练习,学生不仅可以提高英语听、说、读、写的综合能力,还可以更深入地理解和体验不同文化之间的差异和联系。同时,英语翻译的教学也可以激发学生学习英语的兴趣和动力，使他们更加热爱英语，更加积极地参与到跨文化交流中去。

英语翻译在促进跨文化交流和英语教学中发挥着不可忽视的作用。未来，我们应当更加重视英语翻译的教学和应用，通过创新的方法和手段，培养学生的语言能力和跨文化沟通技能，为构建更加和谐、多元、包容的国际社会做出积极的贡献。让我们共同努力，让英语翻译与英语教学在未来的发展中展现出更加美好的前景。

在现如今全球化的时代，人工翻译在跨文化交流中扮演着至关重要的角色。随着各国之间联系日益紧密，人们之间的交流也变得越来越频繁。因此，具备优秀的翻译技能成为了一项不可或缺的能力。通过人工翻译，我们可以消除语言障碍，促进不同文化之间的交流和理解。

人工翻译的重要性不仅在于把文字从一种语言准确地转化为另一种语言，更在于传达文化背景、价值观念等方面的信息。只有通过人工翻译，我们才能真正理解和欣赏各国的文学作品、艺术作品以及经典著作。在商务交流、学术交流、文化交流等多个领域，人工翻译都扮演着不可或缺的角色。

随着科技的不断进步，机器翻译的发展日新月异，但在某些方面，机器翻译仍然无法替代人工翻译。人类的思维和情感是机器无法取代的，只有人工翻译才能更好地传达语言背后的真实含义和情感。因此，我们应该持续加强人工翻译的培训和发展，培养更多优秀的翻译人才，为促进跨文化交流和世界和平做出更大的贡献。

未来，人工翻译将继续在跨文化交流中发挥重要作用。让我们共同努力，致力于推动人工翻译的发展，创造一个更加多元、包容的世界。

在当前数字化时代，英语翻译已经不再局限于传统的人工翻译方式，而是逐渐向着更智能、更高效的方向发展。其中，机器翻译和人工智能技术在翻译教学中的应用正在成为一个备受关注的研究领域。

机器翻译作为一种自动翻译技术，正逐渐被广泛应用于英语翻译领域。通过大数据和机器学习算法，机器翻译可以快速准确地将一种语言翻译成另一种语言。尤其是在英语教学中，机器翻译不仅可以帮助学生快速理解和翻译英语文本，还可以提高他们的翻译效率和准确度。因此，越来越多的英语教师开始将机器翻译技术融入到英语教学中，以提升学生的翻译能力和学习效果。

人工智能技术的广泛应用也为英语翻译和英语教学带来了无限可能。通过自然语言处理、深度学习等技术，人工智能不仅可以模拟人类思维和语言能力，还可以实现更加智能化的翻译和教学过程。例如，智能翻译软件可以根据上下文语境和用户需求提供更加个性化和精准的翻译服务；智能教学系统可以根据学生的学习情况和需求制定个性化的教学计划，帮助他们更高效地掌握英语知识和技能。

总的来说，随着机器翻译和人工智能技术的不断创新和发展，英语翻译和英语教学将迎来更加智能化、定制化的发展趋势。未来，我们可以期待更多的智能翻译工具和智能教学系统的出现，为学生和教师提供更加便捷、高效的翻译和教学体验。同时，我们也需要认识到人工翻译与人工智能之间的相辅相成关系，通过人机合作，共同推动英语翻译与英语教学领域的技术创新与发展。愿未来的英语翻译与英语教学能够在技术的引导下，不断迈向新的高度，为促进跨文化交流和教育交流做出更大的贡献。

随着科技的飞速发展和人工智能技术的不断创新，我们所处的时代正逐渐迎来智能化、定制化的趋势。对于英语翻译和英语教学领域而言，这种趋势的到来意味着更加个性化、精准的服务将成为可能。未来，我们可以期待看到更多智能化的翻译工具和教学系统的涌现，这将极大地提高学生和教师的工作效率和学习效果。

在这个新的时代背景下，随着人机合作模式的逐渐成熟，人工翻译与人工智能之间的互补关系也将得到更好的体现。通过不断的技术创新与发展，英语翻译与英语教学领域将显著提升其服务质量。智能教学系统能够根据学生的学习情况、需求和兴趣制定个性化的教学计划，从而帮助他们更快、更有效地掌握英语知识和技能。而智能翻译工具则能够根据上下文和用户需求提供更加准确、便捷的翻译服务，极大地方便了英语翻译工作者的工作。

在未来的发展中，我们有理由相信，英语翻译与英语教学领域将在技术的推动下持续向前迈进，不断拓展新的领域和应用。希望这种前所未有的趋势能够为促进跨文化交流和教育交流提供更有力的支持，让语言不再成为阻碍人们沟通的障碍，而是成为连接世界的桥梁。愿智能化技术的发展能够为英语翻译和英语教学开辟更为广阔的前景，为人类共同进步贡献自己的一份力量。

二、机器翻译的发展趋势

近年来，人工智能的迅猛发展为机器翻译领域带来了巨大的变革。特别是深度学习和神经网络技术的广泛应用，使得机器翻译质量得到了显著提升。深度学习技术可以帮助计算机更好地理解语言结构和语义，从而更准确地翻译文本。神经网络模型的引入也使得机器翻译在处理长文本和复杂语言结构方面有了更好的表现。

在人工智能的推动下，机器翻译技术不断向着自动化、智能化方向发展。未来，随着深度学习和神经网络技术的不断改进和完善，机器翻译的翻译质量和速度将继续提升，人们在使用机器翻译工具时将能够获得更加流畅和准确的翻译结果。

除了在翻译领域的应用，人工智能技术也为英语教学带来了新的机遇和挑战。借助人工智能技术，英语教学可以更加智能化和个性化。通过分析学生的学习习惯、水平和需求，人工智能可以为每位学生量身定制学习计划，提供个性化的学习内容和反馈。这样的英语教学方式不仅能够提高学生学习的效率,还能够激发学生学习的兴趣和积极性。

人工智能在英语教学中还可以辅助教师进行教学管理和评估。通过分析学生的学习情况和表现,人工智能可以为教师提供有针对性的教学建议和辅助工具,帮助教师更好地指导学生的学习。

总的来说,人工智能技术在机器翻译和英语教学领域的应用为我们带来了更多的可能性和选择。随着这些技术的不断发展和完善,我们相信机器翻译和英语教学将会迎来更加美好的未来,为我们的学习和工作带来更多的便利和效率。

人工智能技术的应用,为英语教学带来了革命性的改变。现在,学生们可以享受到个性化定制的学习计划,根据自身需求和水平量身定制学习内容,不再受到传统教学的束缚。通过这种智能化的学习方式,学生们可以更加高效地掌握知识,激发学习的兴趣和积极性。在课堂上,教师也可以借助人工智能技术进行教学管理和评估,更好地了解学生的学习情况,提供个性化的指导和支持。

随着人工智能技术的不断发展,机器翻译也在逐渐走向更加智能化和准确性的方向。无论是在日常生活中还是在专业领域,人们都可以更加便捷地进行跨语言交流和理解。机器翻译不仅提高了工作效率,还为不同文化的交流搭建了桥梁,促进了全球化的发展。

未来,随着人工智能技术的不断进步,我们可以期待更多关于机器翻译和英语教学的创新应用。这将为我们的学习和工作带来更多便利和效率,拓展了我们的视野和可能性。让我们共同期待智能化的未来,让人工智能为我们的生活带来更多美好的改变。

由于全球化的影响,英语翻译在过去几年中得到了迅猛发展。特别是在互联网的推动下,翻译技术不断创新,实现了跨语言沟通的便捷性。机器翻译作为翻译技术的一种重要形式,在不断发展和完善。随着人工智能技术的不断进步,机器翻译的准确性和流畅性也不断提升,逐渐成为翻译领域的重要工具。

机器翻译在教学辅助中的发展意义重大。随着全球化的加深,学习英语已经成为当今世界的潮流。而机器翻译作为一种快速准确的翻译工具,可以帮助学生更好地理解英文文本,提高英语学习的效率。同时,通过机器翻译的辅助,学生可以更加方便地获取外文资料,促进了对外文学习的热情和积极性。

未来,随着人工智能技术的不断发展和应用,机器翻译的翻译质量将进一步提升,逐渐接近人类翻译水平。在教学方面,机器翻译将成为教学辅助的重要工具,帮助学生更好地理解外文教材,提高英语学习的效果。同时,机器翻译也将促进不同文化之间的交流与融合,在全球化的背景下,发挥着重要的作用。

总的来说,英语翻译与英语教学的创新与应用将是未来发展的重要趋势。通过不断探索和应用翻译技术,我们可以更好地促进英语教学的发展,提高学生的学习效率,推动不同文化之间的交流与理解。在未来的发展中,我们有理由对英语翻译和教学的前景

第七章 未来发展趋势：英语翻译与英语教学的创新与应用

充满信心。

未来的发展中，人工智能技术的提升将为机器翻译注入新的活力，让它在教学辅助领域发挥出更广泛的作用。随着翻译质量的不断提升，学生将更加便利地获取外文资料，促进了他们对外文学习的兴趣和积极性。

随着全球化背景下文化的融合和交流，机器翻译不仅仅是帮助学生理解外文教材，更将成为沟通不同文化之间的桥梁。在这个过程中，机器翻译继续演进，其在教学中的应用将呈现出更加多样化和灵活性。通过机器翻译的帮助，学生将更容易地掌握外语知识，提高他们的学习效率。

在未来，机器翻译的发展势必会带动英语教学的革新，促进学生跨文化交流的能力。通过不断的努力和探索，我们将能够更好地利用机器翻译技术，实现英语教育的全面提升。相信未来，机器翻译在教学中的作用将越来越重要，为学生提供更广阔的学习空间和更深刻的文化体验。让我们期待未来，期待机器翻译在教学中的更广阔应用。

机器翻译与语言学习的结合是未来发展的大趋势之一。机器翻译技术的不断进步为语言学习提供了全新的可能性，通过结合机器翻译和语言学习，可以更好地促进语言学习者的语言能力的提高。机器翻译技术的发展已经逐渐成熟，结合语言学习可以帮助语言学习者更快速地掌握外语知识，提高翻译能力，从而实现更高水平的语言运用能力。机器翻译与语言学习的结合有望为未来的语言教育带来全新的变革，促进语言教学的创新与应用。

未来的发展势头不可挡，机器翻译技术与语言学习的结合将成为重要的趋势。借助机器翻译技术，语言学习者将有更多更有效的学习资源和工具支持，可以更深入地了解外语文化，提升自己的语言水平。同时，结合语言学习的理论知识和实践技能，透过机器翻译技术的辅助，能够更快更准确地翻译出自己所需要的信息，实现跨语言的沟通和理解。随着机器翻译技术的不断革新和语言学习的深入发展，未来的语言教育方式将会有所改变，为学习者提供更加便捷和高效的学习途径。这一结合不仅有助于语言教育的创新和应用，也将推动语言学习者在多语言环境下实现更高水平的语言运用能力。在未来的发展中，机器翻译与语言学习的结合将为语言教学带来全新的变革，为全球化时代的语言沟通提供更多可能性和机遇。

机器翻译的自动化技术是英语翻译领域的重要发展趋势之一，该技术的发展对英语教学领域也有着深远的影响。随着人工智能技术的不断成熟，机器翻译系统的自动化程度也在不断提高，可以更快速地实现大规模翻译任务。这种自动化技术的应用不仅提高了翻译效率，还可以减少人工翻译的错误率，从而提升了翻译质量。在未来的发展中，机器翻译的自动化技术将不断创新和应用，为英语翻译和英语教学带来更多可能性。

随着机器翻译的自动化技术不断发展，英语翻译和英语教学领域正迎来新的机遇和挑战。自动化技术的应用不仅提高了翻译效率，还带来了更多的便利和可能性。在大规模翻译任务中，机器翻译系统能够迅速完成翻译工作，从而节省了大量时间和人力成本。同时，自动化技术也有助于减少人为翻译过程中可能出现的错误，提升了翻译质量和准确性。

未来，随着人工智能技术的不断进步，机器翻译的自动化技术将不断创新和应用。这将为英语翻译和英语教学带来更多的发展可能性。例如，随着深度学习和神经网络技术的不断改进，机器翻译系统的翻译质量和准确性将进一步提升。同时，自动化技术还可以针对不同领域和专业领域进行定制化的翻译服务，满足用户不同需求。

自动化技术的应用也将促进英语教学领域的创新和发展。通过机器翻译技术，学生可以更轻松地获取跨语言信息，提高英语学习的效率和趣味性。英语教师也可以利用自动化技术开展更加个性化和多样化的教学方式，激发学生的学习兴趣和潜力。

总的来说，机器翻译的自动化技术将持续推动英语翻译和英语教学的发展，为我们的学习和交流提供更多便利和可能性。我们有理由期待，随着技术的不断进步，机器翻译将在未来发挥更加重要和积极的作用。

随着技术的不断发展和进步，机器翻译正在逐渐成为翻译领域的新趋势。机器翻译的发展趋势表明，在未来，我们将会看到更多的智能翻译工具和软件的出现，这将在一定程度上改变人们对于翻译的认识和理解。机器翻译的实用性和可靠性也将逐渐提升，通过不断的技术升级和改进，机器翻译有望在将来成为翻译工作者的得力助手，为人们提供更加高效、准确的翻译服务。

随着技术的飞速发展，机器翻译正日益受到翻译领域的关注与青睐。其高效、快捷的特点使得其在各个领域都有着广泛的应用前景。在今后的发展中，人们将会见证机器翻译工具和软件的不断涌现，这无疑将给翻译行业带来一场革命性的变革。

在提高实用性和可靠性方面，机器翻译技术正不断进行升级和改进。随着深度学习、人工智能等技术的不断成熟和普及，机器翻译的翻译质量将会越来越接近人类翻译水平。未来的机器翻译将应对更多复杂领域的翻译需求，如科技、医学、法律等，为人类提供更加全面、准确的翻译服务。

除了技术方面的提升，机器翻译在实用性和可靠性上的进步也离不开对语言和文化的深入理解。只有更好地理解源语言和目标语言之间的语言规律和文化背景，机器翻译才能更好地完成翻译任务。未来，随着对语言和文化的深入研究，机器翻译的实用性和可靠性必将不断提高。

总的来说，机器翻译的发展前景一片光明。虽然在某些情况下无法取代人类翻译的精准度和文化理解力，但随着技术的不断进步，机器翻译将在未来成为人类翻译工作者的得力助手，为全球交流和合作搭建更加便捷而高效的桥梁。

三、翻译教学的创新模式

网络教学在翻译教学中的应用，是当前英语翻译教学中的一个重要发展趋势。通过网络平台，学生可以方便地学习翻译知识和技巧，提高翻译水平。同时，网络教学还可以为学生提供更多的学习资源和互动机会，促进学生在翻译实践中的提升。在网络教学的指导下，学生可以更加有效地学习和掌握翻译技能，提高翻译质量。因此，网络教学在翻译教学中的应用具有重要意义，为提高翻译教学的效果和效率提供了有力支持。

网络教学的普及与发展，为翻译教学带来了全新的可能性。通过网络平台，学生可以随时随地进行学习，无需受限于时间和地点的限制。在这个信息爆炸的时代，学生可以轻松获取各种翻译知识和技巧，拓宽视野，提高翻译水平。网络教学还为学生提供了更多的学习资源，包括各种在线课程、电子书籍、翻译工具等，极大地丰富了学习的途径。

在网络教学的互动平台上，学生可以与老师和同学进行即时沟通和交流，分享翻译心得，共同探讨翻译难题，促进了学术思想的碰撞与碰撞，激发了学习兴趣和积极性。通过网络教学，学生不仅可以在课堂上学到理论知识，还可以通过实践操作，磨练翻译技巧，提高翻译质量。网络教学的集体智慧和资源共享，为学生提供了更多的学习机会，更好地满足了不同层次学生的学习需求。

总的来说，网络教学在翻译教学中的应用，不仅为学生提供了更为便捷和高效的学习方式，还为翻译教学的改革和创新提供了更多的空间和可能性。随着科技的不断发展与渗透，网络教学势必成为未来翻译教学的主流模式，为培养更多优秀的翻译人才打下坚实基础。愿我们在网络教学的引导下，共同努力，共同提升，共同实现翻译教学的更大突破和发展。

在当今信息化快速发展的时代，多媒体教学已经成为英语翻译与英语教学领域的重要趋势。通过结合文字、图片、音频和视频等多种媒体形式，多媒体教学不仅可以生动直观地展现翻译技巧和教学内容，还可以激发学生的学习兴趣，提高他们的学习效率。同时，多媒体教学还能够促进师生间的互动和交流，创造更加广阔的教学空间，为学生提供更加丰富多样的学习体验。

在这一趋势下，翻译教学的创新模式也逐渐崭露头角。传统的翻译教学往往注重语言知识的传授和应用，而现代翻译教学则更加注重培养学生的翻译技能和实践能力。通过引入项目化教学、合作学习、任务驱动等创新教学方法，翻译教学不仅可以提升学生的翻译水平，还能够培养他们的团队合作能力和解决问题的能力，以适应未来社会的需求。

总的来说，未来英语翻译与英语教学的发展趋势将是多元化和个性化的。通过创新教学模式和多媒体教学手段的应用，我们有信心能够为学生提供更加高效、便捷和个性化的学习体验，培养出更多优秀的翻译人才和英语教学者，为我国的翻译事业和英语教育事业的发展做出更大的贡献。

在多媒体教学飞速发展的今天，翻译教学也随之迎来了革新。学生在上课的过程中，不再只是被 passively 接受知识，而是被 active 地引导着去探索、去实践。通过多媒体教学手段的应用，学生可以更加直观地感受到翻译的乐趣和挑战，激发出他们更多的学习动力和创造力。同时，翻译教学中引入的项目化教学和合作学习，不仅帮助学生提升翻译能力，还培养了他们团队合作和解决问题的能力。

未来的翻译教学将更加注重个性化和差异化。教师将根据学生的兴趣爱好和特长设计个性化的教学计划，让每位学生都能找到适合自己的学习方式。同时，多媒体教学手段的发展也为教师提供了更多的教学资源和工具，使得教学内容更加具体生动、丰富多彩。

通过不断创新和探索，翻译教学必将迎来更加光明的未来。更丰富多样的学习体验将激发学生对翻译学习的热情，培养出更多优秀的翻译人才。相信在多媒体教学的引导下，学生将能够更好地适应未来社会的发展需求，为我国的翻译事业和英语教育事业注入新的活力和动力，助力我国在国际舞台上展现更加出色的风采。

四、翻译软件的应用

翻译软件在实践中的应用越来越广泛，为人们的生活、工作和学习提供了便利。随着技术的不断升级和完善，翻译软件的准确性和效率也在不断提升，使得翻译工作更加高效和精准。在跨文化交流和国际合作中，翻译软件的作用尤为突出，为不同语言背景的人们之间的沟通搭建了桥梁。通过翻译软件，人们可以更加方便地进行语言交流，促进了各个领域之间的交流与合作。总的来看，翻译软件的应用在实践中具有重要的意义，将会在未来继续发挥重要作用。

翻译软件在实践中的应用不仅仅在日常生活中发挥作用，在商业领域也发挥着越来越重要的作用。随着全球化的深入发展，跨国公司之间的合作愈发频繁，而语言障碍往往成为合作中的一个重要障碍。翻译软件的普及使得各国企业之间能够更加便利地进行交流与合作，帮助他们突破语言障碍，实现更有效的商业合作。

在教育领域，翻译软件的应用也为学生提供了更多便利。通过翻译软件，学生可以更容易地获取到全球范围内的学术资料，扩大他们的知识视野，促进跨文化的学习和交流。同时，翻译软件也为留学生提供了更好的学习环境，帮助他们更好地融入到新的文化之中，提高语言能力和跨文化沟通能力。

除此之外，翻译软件在医疗领域也发挥着重要作用。在国际医疗合作中，翻译软件为医生和病人之间的交流提供了便利，有助于提高医疗服务的质量和效率。同时，翻译软件还能帮助医疗工作者更好地掌握国外的医学知识和技术，从而促进医疗领域的跨国合作与发展。

总的来说，翻译软件在实践中的运用不仅仅为个人生活带来便利，也在商业、教育、医疗等领域发挥着越来越重要的作用，为各行各业的发展提供了新的动力和可能性。随着科技不断进步，相信翻译软件的应用将会越来越深入到人们的生活和工作中，继续发挥着重要的作用。

翻译软件在英语翻译领域的应用越来越广泛，为翻译工作者提供了更高效、便捷的工具。然而，翻译软件也存在一些不足之处，需要我们认真对待并加以解决。翻译软件的优点在于能够快速准确地完成翻译任务，节省了大量时间和精力。但与此同时，翻译软件也存在词汇不够准确、句子结构不够灵活等缺点，需要人工干预和修改。因此，翻译软件在未来的发展中需要不断改进，提高翻译质量和效率，以更好地满足各种翻译需求。

翻译软件的应用不仅在英语翻译领域得到广泛应用，也在其他语言翻译中展现出强大的功能。随着全球化的发展，人们对于不同语言之间的交流需求越来越迫切，翻译软件的作用不可忽视。翻译软件的优点之一是能够快速准确地完成翻译任务，尤其在短时间内翻译大量内容时，其效率高于人工翻译。同时，翻译软件也在一定程度上提高了翻译的一致性和标准化，减少了翻译错误的可能性。然而，翻译软件的缺点也不可忽视，词汇选择不准确、句子结构不够灵活等问题依然存在，需要人工干预和修改。为了提高翻译软件的质量和效率，需要不断改进其算法和技术，不断丰富和更新词汇库，提高翻译的准确性和流畅性。除此之外，翻译软件也需要与专业人士进行合作，通过人工校对和修改，进一步提高翻译质量。在未来的发展中，翻译软件将会朝着更加智能化、个性化的方向发展，不仅能够完成基础的翻译任务，还能够更好地满足不同领域、不同行业的翻译需求。最终，翻译软件将成为翻译行业中不可或缺的重要工具，为人们的交流和沟通提供更加便利和高效的解决方案。

未来，随着科技的不断进步和全球化的加深，翻译软件的应用将会更加广泛。翻译软件在英语翻译和英语教学中的作用将变得越来越重要。同时，翻译软件的未来发展趋势也将更加智能化、个性化和人性化。这将进一步推动英语翻译和英语教学的创新与应用，为学习者提供更加便利、高效的学习和交流环境。通过不断的技术升级和优化，翻译软件将成为英语教学和翻译工作中不可或缺的重要工具，为人们的跨文化交流和学习提供更多可能性。

随着科技的不断发展，翻译软件的未来将成为跨文化交流和学习的关键工具。未来的翻译软件将会更加智能化，能够更准确地理解人类的语言和表达方式，使翻译结果更加精准、自然。同时，翻译软件还将越来越个性化，根据用户的需求和习惯进行定制化翻译，提供更加个性化的翻译服务。

随着全球化的不断深化，翻译软件在英语教学中的作用也将日益重要。未来的翻译软件将不仅仅是简单的翻译工具，还将成为教学辅助工具，帮助学生更好地理解和掌握英语知识。翻译软件将为学生提供更加丰富多样的学习资源，帮助他们更好地进行语言学习和跨文化交流。

未来翻译软件还将更加人性化，能够更好地理解用户的情感和意图，从而提供更加贴近用户需求的翻译服务。翻译软件的人性化特点将为用户带来更加舒适和愉悦的翻译体验，提高用户对翻译软件的满意度和使用率。

总的来说，未来翻译软件的发展将为英语教学和跨文化交流带来更多便利和可能性。通过不断的技术创新和优化，翻译软件将成为人们学习和交流的得力助手，推动英语翻译和教学领域的进步和发展。让我们拭目以待，期待翻译软件在未来的发展中展现出更加出色的表现，为我们的跨文化交流和学习带来更多惊喜和便利。

五、翻译人才的培养

英语翻译是一门具有广泛应用前景的学科，不仅需要翻译人员具备出色的语言能力，还需要具备相关领域的专业知识。大学英语专业在培养翻译人才方面发挥着重要作用，通过系统的课程安排和实践活动，帮助学生掌握翻译技能和专业知识。未来，随着社会对翻译人才需求的增加和翻译技术的不断发展，大学英语专业将更加重视翻译人才的培养，培养出更多优秀的翻译人才，以满足社会的需求。

大学英语专业在培养翻译人才方面的重要作用不容忽视。除了传授翻译技能和专业知识外，大学还通过实践活动和案例分析等方式帮助学生提升实际应用能力。随着社会对翻译人才需求的增加，大学英语专业将更加重视实践能力的培养，让学生在真实的翻译项目中不断提升自己。同时，由于翻译技术的不断发展，大学还将注重培养学生的信息化意识和跨文化沟通能力，以适应不断变化的翻译环境。未来，我相信大学英语专业将不断调整课程设置，引入最新的翻译理论和实践技巧，为社会培养更多具备国际视野和综合素质的优秀翻译人才。这些人才将在跨国公司、国际组织和文化交流领域发挥着重要作用，促进各国之间的交流与合作。大学英语专业的未来发展充满希望，我们有信心培养出更多优秀的翻译人才，为社会的繁荣和发展贡献自己的力量。

在当前全球化的背景下，英语翻译已经成为沟通不同文化之间的桥梁。翻译人才的培养变得愈发重要，他们需要具备扎实的语言基础和文化背景知识。同时，翻译实践与学术研究的结合也变得越来越紧密，通过学术研究的深入探讨，可以更好地指导实践工

第七章 未来发展趋势：英语翻译与英语教学的创新与应用

作。这种结合不仅可以促进翻译水平的提升，还能够推动学科的发展。未来，随着科技的不断进步，翻译工具的智能化将进一步提高翻译效率和质量，而人工翻译仍然不可替代的重要性也将更加凸显。在这样的背景下，翻译人才需要不断更新自己的知识和技能，提高自身的综合素质。只有不断与实践和学术研究相结合，才能更好地适应未来发展的需要。

在当前全球化的背景下，英语翻译作为文化之间的桥梁扮演着至关重要的角色。随着全球化的深入发展，翻译工作的需求也日益增加，这就需要翻译人才具备更为全面和深厚的知识储备。在这样的背景下，翻译实践与学术研究的结合显得尤为紧要。通过实践工作的一线经验和学术研究的理论指导相结合，翻译人才可以不断提升自身的专业水平。

随着科技的不断进步，翻译工具的智能化带来了前所未有的便利和效率。然而，这并不意味着人工翻译的重要性会被淡化。在涉及语言和文化的复杂领域，机器难以完全取代人类的思维和创造力。因此，翻译人才需要注重提升自己的专业技能和综合素质，不断适应新技术和新形势的发展。

除了语言能力和学术造诣，跨学科的知识也是翻译人才必须具备的素养之一。在进行翻译工作时，有时需要涉及到法律、经济、医学等多个领域的知识，这就要求翻译人才具备广博的知识储备和较强的综合分析能力。只有不断拓展自己的知识面，翻译人才才能在不同领域中游刃有余地进行翻译工作。

未来，随着全球化进程的不断推进，英语翻译的重要性将愈发凸显。只有不断学习和提升，翻译人才才能更好地胜任翻译工作，促进文化交流的深入发展，为世界的多元化做出更大的贡献。通过实践和学术研究的结合，我们相信翻译人才的素质和水平将不断得到提高，翻译行业也会迎来更加繁荣的发展。

翻译人才的综合素质要求包括语言能力、专业知识、跨文化交际能力、信息技术应用能力、创新意识和团队合作能力等多方面要求。翻译人才需要具备扎实的英语语言基础和翻译技能，同时要熟练掌握相关专业知识，能够准确理解和表达不同领域的专业术语。跨文化交际能力是翻译人才必备的素质之一，能够理解和尊重不同文化背景下的语言表达和习惯。信息技术应用能力在当今数字化时代尤为重要，翻译人才需要熟练运用翻译工具和软件，提高翻译效率和质量。创新意识和团队合作能力能够帮助翻译人才更好地应对复杂多变的翻译任务，积极探索新的翻译方法和策略，同时与团队成员合作共同完成翻译任务。综合素质要求的提高将有助于翻译人才在英语翻译与英语教学领域的创新与应用中更好地发挥作用。

翻译人才的综合素质要求是一个复合型的要求，涵盖了多方面的技能和素质。翻译人才需要具备扎实的英语语言基础和翻译技能，这是其基本功。同时，翻译人才还要熟练掌握相关专业知识，以便能够准确地理解和表达不同领域的专业术语。跨文化交际能力也是翻译人才必备的素质之一，因为只有理解和尊重不同文化背景下的语言表达和习惯，才能做到更准确的翻译。

在当今数字化时代，信息技术应用能力也变得尤为重要。翻译人才需要熟练运用各种翻译工具和软件，以提高翻译的效率和质量。同时，翻译人才还需具备创新意识和团队合作能力，因为复杂多变的翻译任务需要不断探索新的翻译方法和策略，并与团队成员合作共同完成。

通过不断提高综合素质，翻译人才可以更好地应对英语翻译与英语教学领域的挑战，发现更多的创新与应用空间。因此，翻译人才需要在各个方面不断提升自己，以适应不断变化的翻译需求，成为行业中的佼佼者。

第二节　英语教学的发展趋势

一、信息技术在英语教学中的应用

网络资源的普及和应用对英语教学产生了深远的影响。教师可以通过网络资源获取更多丰富的教学资料和教学工具，为学生提供更多学习的途径和机会。同时，网络资源也为学生提供了更广阔的学习空间，他们可以随时随地通过网络获取所需的学习资源，帮助他们更好地掌握英语知识。网络资源还可以促进学生之间的交流和合作，拓展他们的视野和思维，提高英语学习的效果。总的来说，网络资源的应用为英语教学带来了更多的可能性和机会，对于提高英语教学的质量和效果起到了积极的促进作用。

网络资源的普及和应用在英语教学中扮演着至关重要的角色。随着技术的不断发展，教师们可以利用网络资源为学生提供更加生动、丰富的英语教学内容。通过在线视频、音频、动画等多媒体资源，学生们能够更直观地理解英语知识，提高他们的学习兴趣和积极性。网络资源还能够帮助教师开展更加灵活多样的教学活动，比如线上讨论、互动游戏等，激发学生的学习热情，使英语学习不再枯燥乏味。

网络资源的应用也为英语教学注入了新的活力。学生们能够在互联网上寻找到各种英语学习平台和资源，如在线课程、学习社区等，从而实现自主学习和个性化教育。他们可以根据自身的学习需求和兴趣，在网络上制定学习计划，提高学习效率。同时，网络资源也为学生提供了更广阔的学习空间，他们可以通过网络随时随地与来自不同文化背景的学生交流互动，拓展视野，增强跨文化交流能力。

总的来说，网络资源的广泛应用为英语教学带来了巨大的便利和益处。教师和学生们都可以通过网络资源获得更多的学习资源和工具，实现更加高效的英语教学和学习。网络资源的普及不仅促进了英语教学的创新和改进，还拓展了英语学习的多样性和灵活性，为英语教学注入了新的动力和活力。让我们共同努力，利用好网络资源，不断提升英语教学的质量和效果。

　　移动设备在英语学习中的作用是越来越重要和普遍。随着移动设备的普及和发展，现代学生可以随时随地通过手机、平板电脑等设备进行英语学习。这种便捷性使得学生可以更加有效地利用碎片时间进行学习，提高学习效率。移动设备上的各种英语学习应用和软件也为学生提供了丰富的学习资源，例如单词记忆、语法练习、听力训练等，帮助学生更好地掌握英语知识。

　　通过移动设备进行英语学习还可以激发学生的学习兴趣和积极性。由于移动设备的互动性和多样性，学生可以通过游戏、视频、音频等多种形式的学习方式来提升学习兴趣。这不仅可以让学生在学习中感到愉悦和享受，还可以激发他们对英语学习的热情，提高学习投入度。

　　移动设备在英语学习中还可以促进师生之间的互动与交流。教师可以通过移动设备向学生提供学习资源、布置作业、进行在线评价等，实现与学生之间更加便捷和及时的沟通。学生也可以通过移动设备随时向教师请教问题，进行学习反馈，促进学习效果的提升。

　　总的来说，移动设备在英语学习中的作用不仅体现在学习便捷性、资源丰富性和兴趣激发性上，还有助于促进师生之间的互动和交流，提高英语教学效果。随着移动设备技术的不断创新和发展，它在英语学习中的作用将会越来越重要和广泛。

　　通过移动设备，学生可以在任何时间、任何地点进行英语学习，大大提高学习的便捷性和灵活性。同时，移动设备上的丰富学习资源也能够帮助学生更加全面地学习英语知识，不受时间和空间的限制。通过移动设备进行英语学习还可以激发学生的兴趣和积极性，让他们更加主动地投入到学习中去。

　　在移动设备的帮助下，师生之间的互动和交流也变得更加方便和实时。教师可以通过移动设备及时给予学生反馈和指导，帮助他们更好地掌握英语学习方法和技巧。学生也可以在学习过程中随时与教师交流、请教问题，促进学习效果的提升和加深对知识的理解。

　　总的来说，移动设备在英语学习中的作用是多方面的，不仅可以提高学习的效率和质量，还可以促进师生之间更加紧密的联系和互动。随着移动设备技术的不断发展和完善，相信在未来的英语教学中，它将扮演着越来越重要的角色，为学生提供更加便捷、丰富、有趣的学习体验。

　　英语翻译的发展趋势愈发明显，对翻译人才的培养也提出了更高的要求。同时，英语教学的发展趋势也日新月异，信息技术在其中扮演着越来越重要的角色。而大数据分析在英语教学中的应用，则引领着一场教育领域的革命，不可小觑其重要性。

大数据分析技术在英语教学中的应用，正在逐渐改变着传统的教学模式。通过对学生学习过程中的行为、偏好和表现等数据进行深入分析，教师们可以更好地了解每个学生的学习状态和需求，从而有针对性地进行教学设计和指导。这种个性化的教学方式，能够提高学生的学习效果和积极性，使他们更加主动地参与到学习过程中。

大数据分析还可以帮助教师更好地评估教学效果，通过对学生学习成绩、知识掌握情况和学习过程的数据分析，可以及时发现教学中存在的问题和不足之处，及时调整教学策略和方法，提高教学质量和效率。同时，通过大数据分析，教师们还可以更加准确地预测学生未来的学习情况，进一步提前做好个性化的教学计划和指导，以更好地满足学生的学习需求。

随着信息技术的不断发展和应用，大数据分析在英语教学中所起的作用将会越来越重要。教育领域也将迎来一场革命，教学方式和模式将逐渐向个性化、智能化方向发展，大数据分析技术势必会成为未来教学的重要支撑。因此，掌握和运用大数据分析技术已经成为英语教师们必备的技能之一，只有不断学习和适应这一新技术，才能更好地适应教育变革的潮流，更好地促进学生的全面发展和成长。

在未来，人工智能技术将会在英语翻译与英语教学中扮演着越来越重要的角色。通过整合人工智能技术，我们能够更高效地进行翻译工作，提高翻译的准确度和速度，从而满足不断增长的翻译需求。同时，人工智能技术还可以为英语教学提供更多的个性化学习体验和资源，帮助学生更好地掌握语言技能。通过不断地整合和创新，人工智能技术将改变传统的翻译和教学模式，为英语翻译与教学领域带来新的发展机遇。

在未来，人工智能技术在英语翻译与英语教学中的重要性将日益凸显。通过整合人工智能技术，我们可以更高效地进行翻译工作，极大地提升翻译的准确度和速度，以满足不断增加的翻译需求。同时，人工智能技术还能为英语教学带来更多个性化学习体验和资源，帮助学生更好地掌握语言技能。这种整合和创新不仅仅改变了传统的翻译和教学模式，也为英语翻译与教学领域带来了新的发展机遇。

在翻译方面，人工智能技术能够通过大数据分析和自然语言处理技术，实现文本的快速翻译和优化，为全球化交流提供更便捷的工具和支持。同时，英语教学也将会从人工智能技术中受益，定制化的学习计划和个性化的学习体验将为学生提供更灵活多样的学习方式，激发他们学习英语的积极性和兴趣。

随着人工智能技术的不断发展和应用，我们可以预见在未来的英语翻译与教学领域，将会有更多创新的技术和方法出现，为整个行业带来更多惊喜和机遇。人们将更多地依赖人工智能技术来完成翻译和教学工作，同时也会不断挖掘和发挥人类自身在语言学习和翻译方面的优势，共同构建一个更加智能、便捷和高效的英语翻译与教学生态系统。

二、英语教学模式的改革

活动教学模式在大学英语教学中的应用是当前英语教育领域的一大创新。通过引入各种互动、实践性强的教学活动，可以使学生更主动地参与学习过程，提高他们的学习积极性和效果。这种教学模式不仅可以激发学生学习英语的兴趣，还可以提高他们的语言应用能力和实际沟通能力。

传统的大学英语教学往往局限于传授知识，学生被动接受，缺乏真实的语言运用机会。而活动教学模式的运用，使得英语教学更加生动有趣，学生可以通过各种游戏、角色扮演、小组讨论等活动来练习英语，从而更好地理解和掌握知识。这种互动式的教学模式不仅能够提高学生的学习积极性，还可以培养他们的团队合作能力和创新能力。

活动教学模式还可以帮助学生更好地应用所学知识。通过各种实践性的任务和活动，学生可以将课堂上学到的知识运用到实际生活中，提高他们的语言实践能力。这种实践性强的教学模式不仅可以加深学生对知识的理解，还可以提高他们的语言运用水平，使他们在未来的工作和生活中受益匪浅。活动教学模式的应用不仅可以丰富课堂教学内容，还可以使英语教学更加贴近实际，更符合学生的学习需求。

总的来说，活动教学模式在大学英语教学中的应用是一种创新、有效的教学方法。通过引入各种互动、实践性强的教学活动，可以提高学生的学习积极性和效果，培养他们的语言实践能力和创新能力，为未来的发展奠定良好基础。因此，活动教学模式的应用在大学英语教学中具有重要意义，值得进一步研究和推广。

活动教学模式在大学英语教学的应用，不仅可以提升学生的学习积极性，还可以帮助他们更好地掌握英语知识和提高语言运用能力。通过各种实践性的任务和活动，学生可以在真实情境中进行语言实践，从而增强他们的自信心和表达能力。这种互动式的教学模式不仅促进了学生对知识的消化和吸收，还锻炼了他们的团队合作和沟通能力。通过参与各种课外实践活动，学生可以将所学知识应用到实际生活中，培养了解决问题的能力和创新思维。

活动教学模式的引入不仅使英语教学更加生动有趣，还能够激发学生的学习热情和探索欲望。在这种活动中，学生可以通过小组合作、角色扮演、游戏竞赛等形式，积极参与到课堂中，从而增强了他们的学习兴趣和动力。通过这种互动式的学习方式，学生可以更深入地理解知识点，激发自己的学习潜力，培养自主学习的意识和能力。

总的来说，活动教学模式在大学英语教学中的应用，对于学生的综合能力提升和素质教育具有重要意义。通过引入各种实践性强、生动有趣的教学活动，可以有效促进学生的全面发展，培养他们的批判性思维和解决问题的能力。因此，活动教学模式的应用不仅可以增强课堂教学的有效性，还可以为学生未来的发展提供更多的帮助和支持。愿更多的教育者能够重视并推广这一有效的教学方法，为学生的学习之路增添光彩。

合作学习在英语教学中扮演着重要的角色，可以促进学生之间的互动交流，提高学习效果。通过合作学习，学生可以相互讨论、合作解决问题，共同探讨学习内容，从而激发学习兴趣，增强学习动力。合作学习可以促进学生之间的团队合作能力，培养学生的沟通能力和解决问题的能力，为他们未来的发展打下良好的基础。

在英语教学中，合作学习还可以帮助学生提高语言运用能力，锻炼他们在真实交际环境中运用英语的能力。通过与同学合作学习，学生可以不断练习口语表达和听力理解能力，提高他们的语言水平。同时，合作学习也可以让学生在集体活动中学习互助、分享、包容的精神，培养他们的团队合作意识和集体荣誉感。

合作学习还可以促进英语教学中的教师与学生之间的互动与合作。教师可以通过组织学生进行小组合作学习，促进学生的互相沟通与交流，更好地理解学生的学习状态和需求，调整教学方法和内容，更好地满足学生的学习需求。同时，合作学习也可以让教师更好地发挥引导者和组织者的作用，激发学生的学习兴趣，提高教学效果。

合作学习在英语教学中具有重要的促进作用，可以提高学生的学习效果，促进学生的全面发展。教师和学生应共同努力，推动合作学习在英语教学中的应用，促进英语教学的创新与发展。

合作学习的好处不仅仅体现在提高学生的语言水平和团队合作意识上。通过合作学习，学生还可以培养解决问题的能力和创新思维。在小组合作学习中，学生需要共同讨论、合作解决问题，激发彼此的思维，从而培养他们的批判性思维和创造性思维能力。

合作学习还可以促进学生之间的友谊和情感交流。在小组合作学习中，学生可以建立密切的人际关系，增进彼此之间的理解和信任，培养积极向上的情感态度。这种友谊和情感交流不仅有利于学生的心理健康，还可以促进学习氛围的良好形成，使学习更加愉快和高效。

合作学习还可以帮助学生培养自主学习的能力。在小组合作学习中，学生需要自主分工、自主学习，自己发现问题并解决问题。通过这样的合作学习方式，学生可以提高自己的学习主动性和自我管理能力，培养自主学习的习惯和能力。

合作学习在英语教学中不仅仅可以提高学生的语言水平，还可以培养他们的团队合作意识、解决问题能力、创新思维、情感交流能力和自主学习能力。教师和学生应当共同努力，推动合作学习在英语教学中的应用，为学生的全面发展和教学的创新与发展不断努力。

任务型教学作为一种新型教学模式，其有效性在英语教学领域备受关注。通过任务

第七章 未来发展趋势：英语翻译与英语教学的创新与应用

型教学，学生能够在完成任务的过程中提高语言能力，并且更好地运用所学知识。这种教学方法能够培养学生的综合能力和实践能力，激发学生学习的兴趣，使学习过程更加富有挑战性和乐趣。在未来的英语教学中，任务型教学有望成为主流教学模式，在提高学生语言能力的同时，也能培养学生的团队合作能力和解决问题的能力。通过实践性强、目标明确的任务型教学，可以有效提升学生的学习效果，实现知识的传授和能力的培养相结合。

任务型教学作为一种新型教学模式，其有效性在英语教学领域备受关注。通过任务型教学，学生能够在完成任务的过程中提高语言能力，并且更好地运用所学知识。这种教学方法能够培养学生的综合能力和实践能力，激发学生学习的兴趣，使学习过程更加富有挑战性和乐趣。在未来的英语教学中，任务型教学有望成为主流教学模式，在提高学生语言能力的同时，也能培养学生的团队合作能力和解决问题的能力。通过实践性强、目标明确的任务型教学，可以有效提升学生的学习效果，实现知识的传授和能力的培养相结合。任务型教学的有效性不仅在于其能够激发学生的学习兴趣，还在于其能够培养学生良好的学习习惯和自主学习能力。在任务型教学中，学生不再是被动接受知识的对象，而是主动参与学习的主体。通过完成各种任务，学生可以自主探究、合作交流，从而更好地掌握知识。任务型教学也能够促使学生在实践中学习，在解决问题的过程中提高自己的能力。通过任务的设计，学生可以在真实的情境中应用所学知识，从而加深对知识的理解和记忆。综合来看，任务型教学的有效性不仅在于提升学生的语言能力，还在于培养学生的综合素养和学习能力，具有长远的教育意义。

口语教学在英语教学中具有重要的地位。随着社会的发展和国际化进程的加快，口语交流能力已成为人们在社会生活和工作中不可或缺的能力。因此，加强口语教学，提高学生的口头表达能力至关重要。通过大量的口语练习和实践，学生可以更好地运用所学知识，增强交流能力，提高沟通效率。同时，口语教学也有助于培养学生的自信心和胆识，让他们更加积极主动地参与到交流中去，从而更好地融入社会，实现个人的发展目标。因此，口语教学的重要性不容忽视，应当得到更加重视和关注。

口语教学在英语教学中占据着至关重要的地位。通过大量的口语练习和实践，学生可以更好地运用所学知识，增强交流能力，提高沟通效率。口语教学还可以促进学生的思维能力和逻辑思维能力的发展。通过口语练习，学生可以更清晰地表达自己的观点和想法，使思维更为清晰和准确。口语教学还可以增强学生的记忆能力，通过口头表达将知识深化和巩固。除此之外，口语教学还可以激发学生学习英语的兴趣，提高学习的积极性和主动性。通过口语练习，学生可以更好地感受到语言的魅力和表达的乐趣，从而更加投入到学习中去。总的来说，口语教学的重要性不可忽视，应当引起教育界和社会的更多关注和重视。希望未来能够有更多的教育资源和支持投入到口语教学中，提升学生的口头表达能力,让他们在未来的社会生活和工作中更加游刃有余。

英语翻译的发展趋势是多元化和专业化的趋势,翻译人才的培养需要更加注重实践能力和专业知识的提升。英语教学的发展趋势在于注重学生的自主学习和能力培养,英语教学模式的改革需要更加符合学生个性化发展的需求。而英语教学的游戏化趋势则意味着通过游戏化的教学方式来激发学生学习的兴趣和积极性,使学习过程更加愉快和有效果。通过不断探索创新与应用,英语翻译和英语教学能够更好地适应未来的发展需求和挑战,为提升语言交流和跨文化交流能力做出积极贡献。

英语教学的游戏化趋势意味着教师需要在课堂上运用更多的互动性和趣味性的教学方法,以激发学生学习的热情。通过设计吸引人的游戏活动,可以让学生在轻松愉快的氛围中进行学习,提高他们的学习效果和记忆力。游戏化教学不仅可以激发学生的兴趣,还可以培养他们的团队合作能力和解决问题的能力。英语教学的游戏化趋势还可以帮助学生更好地应对未来社会的挑战,培养他们的创新思维和适应能力。通过引入游戏元素,教师可以更好地了解学生的学习需求和水平,有针对性地进行教学,提高教学的效果和质量。总的来说,游戏化教学是英语教学模式的一种创新,可以促进学生的全面发展,提升他们的学习成绩和竞争力。在未来,随着技术的不断发展和教学理念的更新,英语教学的游戏化趋势将会成为教育领域的一个重要发展方向,为培养具有国际视野和全球竞争力的人才做出更大的贡献。

三、英语教学评估的创新

在未来,英语翻译的发展趋势将会更加重视翻译人才的培养,培养出更多具有高超技能和跨文化沟通能力的翻译专业人才。同时,英语教学也将朝着更加创新的方向发展,通过不断更新的教学方法和技术,提高学生的英语水平和语言应用能力。在这个过程中,英语教学评估将会更加注重创新,引入多元评估方法来全面评价学生的语言能力和学习成果,促进学生的全面发展。

在未来,随着全球化进程的加速推进,英语翻译人才将扮演着越来越重要的角色。为了应对这一挑战,我们需要更加注重培养具有高超技能和跨文化沟通能力的翻译专业人才。只有这样,才能更好地满足不断增长的翻译需求。

与此同时,英语教学也将不断创新。通过引入新的教学方法和技术,我们可以更好地帮助学生提高英语水平和语言应用能力。这对于他们未来的发展至关重要。

在教学评估方面,多元评估方法的应用将成为一种趋势。通过多种评估手段来全面评价学生的语言能力和学习成果,不仅可以更准确地了解学生的实际水平,还可以促进他们的全面发展。这种全面评估方式将激励学生更多地参与英语学习,培养他们的自主

第七章 未来发展趋势：英语翻译与英语教学的创新与应用

学习能力和创新精神。

总的来说，未来的英语翻译和教学将更加注重人才培养和创新发展。只有不断适应这种变化，我们才能更好地应对未来的挑战，为我们的学生和社会做出更大的贡献。

学习者自主评估的推广是英语教学领域的创新之举，通过引导学生自我评估和反思，可以更好地提高他们的学习动力和效果。这种教学模式不仅可以增强学生的学习自觉性和主动性，还能培养他们的学习能力和自我管理能力。在未来的英语教学中，学习者自主评估将成为一种重要的教学方法，有助于提升教学效果和学生的综合素质。

英语翻译的发展趋势对翻译人才的培养也提出了新的要求。未来的翻译人才不仅需要具备扎实的语言基础和翻译技巧，还需具备跨文化沟通能力和创造力。培养翻译人才应该注重培养学生的实际操作能力和综合素质，使他们在实际工作中能够胜任各种翻译任务。

在英语教学的发展趋势中，英语教学评估的创新也是一个重要的方向。传统的英语教学评估方式往往以考试为主，忽视了学生的综合能力和实际应用能力。未来的英语教学评估应该更加注重学生的实际表现和能力发展，采用多种评估方式，如项目作业、口头展示、小组讨论等，全面评价学生的学习成果和能力提升。通过这种创新的评估方式，可以更好地激发学生的学习兴趣和提高他们的学习效果。

未来的英语教学评估应该更加注重学生的个性发展和创新能力。学生在教学过程中不仅要被动接受知识，更要主动探索学习的乐趣和价值。通过让学生参与各种实践活动，如实地考察、实习实训等，可以培养他们的观察力、领悟力和实践能力，从而提高他们的综合素质和自主学习能力。

英语教学评估还应该更加注重学生的自主学习和自主评估能力的培养。学生在学习过程中应该具备自我反思和自我调节的能力，在错误中不断成长，在成功中不断进步。通过让学生参与自主学习和自主评估的过程，可以激发他们的学习动力和创造力，促进他们对知识的深度理解和广泛应用。

未来的英语教学评估要更加关注学生的个性发展和自主能力的培养，为培养具有国际视野和全球竞争力的翻译人才奠定坚实基础。同时，教师们也需要不断更新教学理念和方法，创新评估方式，为学生提供更加灵活、多样化的学习环境，促进他们的全面发展和终身学习能力。

参 考 文 献

[1] 贺玲,赵丽梅.基于顺应论的大学英语翻译教学研究[J].齐鲁师范学院学报,2021,36(06):55-62.

[2] 刘瑶.跨文化交际背景下大学英语翻译教学研究[J].产业与科技论坛,2023,22(10):218-219.

[3] 徐美兰,王梦迪.基于翻译工作坊的大学英语翻译教学研究[J].科教文汇(中旬刊),2021,(08):181-182.

[4] 刘方俊.以提高学生英语应用能力为目标的大学英语翻译教学研究[J].湖北开放职业学院学报,2023,36(15):170-172.

[5] 蔡长海,斯琴.情境认知理论与高校英语翻译教学研究[J].校园英语,2023,(06):16-18.

[6] 李月林.大学英语翻译教学新探[A].外语教育与翻译发展创新研究（12）[C].2022:14-16.

[7] 金露,李梓.信息化时代大学英语翻译教学方法及技巧探究——评《大学英语翻译教学与实践应用》[J].人民长江,2023,54(07):246-247.

[8] 罗勤."互联网+"时代大学英语翻译与信息化教学——评《新媒体时代翻译教学研究》[J].中国教育学刊,2022,(03):133.

[9] 周红霞,张婧.译在人为,趣味使然——英语翻译教学研究[J].北京印刷学院学报,2021,29(04):141-144.

[10] 云彩霞.基于核心素养的高职英语翻译教学研究[J].科学咨询(科技·管理),2021,(07):167-169.

[11] 李蕾."互联网+"时代大学英语翻译与信息化教学创新——评《新媒体时代翻译教学研究》[J].中国科技论文,2021,16(09):1050.

[12] 袁文娟.大学英语翻译教学策略研究[J].英语广场,2023,(02):104-107.

[13] 袁晓静.跨文化交际背景下食品英语翻译教学研究[J].中国油脂,2021,46(04):157-158.

[14] 孙明慧.情境认知理论下的高校英语翻译教学研究[J].海外英语,2022,(16):36-37+48.

[15] 刘璐. 概念隐喻视域下商务英语翻译教学研究[J]. 现代商贸工业, 2023, 44(11):47-49.

[16] 李丹. 大学英语翻译课程模块构建与学生能力培养研究[J]. 现代英语, 2021, (11):59-61.

[17] 何晓惠. 浅析独立学院大学英语翻译教学的问题与对策[J]. 校园英语, 2023, (36):21-23.

[18] 陈丽娜, 肖华. 工程英语翻译方法与技巧研究——评《工程英语翻译》[J]. 人民长江, 2021, 52(06):229.

[19] 吕虹瑶. 基于内容教学法的工程英语翻译教学研究[D]. 导师：杨学云. 重庆交通大学, 2022.

[20] 孙杭. 后方法时代大学英语翻译"金课"的建设与研究[J]. 校园英语, 2021, (14):42-43.

[21] 陈琳, 尤亚琪. 大学英语翻译教学存在的问题与对策——基于关联理论[J]. 校园英语, 2023, (16):16-18.

[22] 刘弘玮. 基于PACTE模式的大学英语翻译教学改革与实践[J]. 宜春学院学报, 2021, 43(07):97-101.

[23] YanmingLi, ZheLi. ResearchonCollegeEnglishTranslationTeachingBasedonParallelCorpus[J]. InternationalJournalofNewDevelopmentsinEducation, 2023, 5(18):

[24] ZiyuLuo. CollegeEnglishTranslationSkillsBasedontheBackgroundofCulturalConfidence[A]. 2022:

[25] YuZheng. StrategiestoImprovetheEffectivenessofCollegeEnglishTranslationTeaching[J]. AdvancesinVocationalandTechnicalEducation, 2021, 3(2):

[26] HongxiaDai. StudyonBusinessEnglishTranslationTeachingintheContextofCurriculumIdeologyandPolitics[J]. CurriculumandTeachingMethodology, 2022, 5(4):

[27] FantingMeng. ResearchontheTeachingReformofCollegeEnglishTranslationUndertheBackgroundofCurriculumIdeologyandPolitics[J]. JournalofContemporaryEducationalResearch, 2021, 5(12):

[28] Chen Shuangyu. Exploring the Cultivation of Cross-Cultural Awareness in University English Translation Teaching[J]. Advances in Educational Technology and Psychology, 2021, 5(8):

[29] Yan Qiying, Li Shanshan. ON COLLEGE ENGLISH TRANSLATION TEACHING THEORY AND TRANSLATION SKILLS UNDER COGNITIVE IMPAIRMENT[J]. Psychiatria Danubina, 2022, 34(S1):

[30] Li Shuangshuang. THE INFLUENCE OF COLLEGE ENGLISH TRANSLATION AND MULTIMEDIA INTERACTIVE TEACHING INNOVATION ON STUDENTS WITH COGNITIVE IMPAIRMENT[J]. Psychiatria Danubina, 2022, 34(S1):